中國學術思想 研究輯刊

二九編
林慶彰　主編

第15冊

大六壬的古天文學原理及心智哲學機理研究（下）
冉景中　著

花木蘭文化事業有限公司

國家圖書館出版品預行編目資料

大六壬的古天文學原理及心智哲學機理研究（下）／冉景中
著 — 初版 — 新北市：花木蘭文化事業有限公司，2019〔民
108〕
目 4+148 面；19×26 公分
（中國學術思想研究輯刊 二九編；第 15 冊）
ISBN 978-986-485-717-3（精裝）
1. 天文學 2. 學術研究
030.8   108001215

中國學術思想研究輯刊
二九編　第十五冊　　　　　ISBN：978-986-485-717-3

大六壬的古天文學原理及心智哲學機理研究（下）

作　　者　冉景中
主　　編　林慶彰
總 編 輯　杜潔祥
副總編輯　楊嘉樂
編　　輯　許郁翎、王 筑　美術編輯　陳逸婷
出　　版　花木蘭文化事業有限公司
發 行 人　高小娟
聯絡地址　235 新北市中和區中安街七二號十三樓
　　　　　電話：02-2923-1455／傳眞：02-2923-1452
網　　址　http://www.huamulan.tw 信箱 hml810518@gmail.com
印　　刷　普羅文化出版廣告事業
封面設計　劉開工作室
初　　版　2019 年 3 月
全書字數　215282 字
定　　價　二九編 15 冊（精裝）新台幣 28,000 元　版權所有·請勿翻印

大六壬的古天文學原理及心智哲學機理研究(下)

冉景中　著

目次

下　篇

第七章　心靈世界的投影——由大六壬等數術引出的二重認知模式之探討

　　當今時代，我們崇尙科學，崇尙實證。筆者從小接受科學實證主義教育，從骨子裏反對迷信。然而，還有許多現象用今天的科學無法解釋。比如央視《撒貝寧時間》（以前叫《今日說法》）2014 年 11 月 27 日《夢境擒凶》節目報導了吉林省公安廳長白山市公安局刑事警察依靠當事人的姐姐的一次神奇夢境（死者將兇手和埋屍信息投夢給老家的姐姐，姐姐千里迢迢趕來報案），成功破獲一起殺人大案的離奇事件。〔註1〕再比如海南電視臺《新聞故事會·我的前世叫陳明道》專題報導了海南東方再生人唐江山，其前世爲海南儋州陳明道的眞實事件，〔註2〕海南省婦女聯合會主辦的《東方女性》雜誌編輯部本著嚴謹的理性態度經過幾個月調查探訪後，向社會、向科學界公開報導唐江山事件，希望引起全社會（特別是科學界）的關注。〔註3〕

　　諸如此類的怪事古今中外均有傳聞。人死而無知，人死而不可能有靈魂，這是今天的科學常識。然而上邊提到的事情與今天倡導的科學是明顯違背

〔註1〕《撒貝寧時間》2014 年 11 月 27 日《夢境擒凶》http：//news.cntv.cn/2014/11/28/VIDE1417107357011338.shtml

〔註2〕2014 年海南電視臺《新聞故事會——我的前世叫陳明道》http://www.iqiyi.com/w_19rrxlmvcl.html 跡 ptag=vsogou

〔註3〕李書光：《「轉世奇人」唐江山的專訪》，朱必松：《對「二世人」唐江山的特別調查》，艾男：《我們眞的發現「二世人」了？》，《東方女性》2002 年第 7 期（A）總第 68 期。

的，我們是把這些現象一律斥責為封建迷信呢？還是先尊重事實，期待科學的不斷進步來解釋這些今天認識不了的事情？事實上我們目前對人類的大腦及其精神現象背後的奧秘所知甚少。接受了西方現代科學思想的人們一般來說對中國古代數術學，甚至對中醫學都持排斥態度。如果這種態度是建立在廣泛的調查研究和實證的基礎之上倒無可厚非。因為現代科學精神正是強調沒有調查研究就沒有發言權，實踐是檢驗真理的唯一標準。

　　本章要討論的話題正是與人的精神現象有關。筆者在長期的數術學研究實踐中認識到人有二重認知模式，它們有相似的呈現規則，其中第二重認知模式與腦電波、心靈感應有關。前面提到的兩件怪事，或許正是腦電波和心靈感應引起的。我們的討論就從數術學的占驗率開始吧。因為如果一件事情的可信度不高，那麼研究它背後的「道理」就沒有必要了。

第一節　占驗率

　　大六壬等數術發展到今天至少有 2000 多年的歷史了。有人把數術的占驗當作拋硬幣遊戲，反正有一半的概率猜對。這個意思再明白不過了：數術預測靠猜，準確率 50%。如果其核心運算靠猜，那不如說它是騙術。它能夠欺騙中國古代的那些聰明人長達 2000 年以上，這種現象本身也值得很好地研究。如果不把其中的騙術深刻地揭露出來，而只是人云亦云，恐怕這種態度本身並不科學。事實上，在隨機性實驗中（拋硬幣、擲骰子）如果加入人的念頭——即希望某一面朝上，則實驗結果顯示某一面朝上的情況便超出概率值了。分析心理學家榮格便介紹過這個實驗（參閱第八章第五節）。〔註 4〕其他資料上也有類似的記載：實驗人員設計了「隨機事件發生器」，讓受試在操作按鈕的同時想像（希望）某種情況出現，大量實驗的結果表明：總體上，念頭會增加希望出現的情況的概率值。〔註 5〕在實驗中，普林斯頓工程異常研究室還設計了兩人配對來共同完成實驗。結果顯示，若是以同性受試者配對，往往不如小組成員的個人成績，15 對受試中有 8 對如願得到非常正向的結果；

〔註 4〕〔瑞士〕榮格著，關群德譯：《榮格文集》第四卷《心理結構與心理動力學》第七部分《共時性：非因果性聯繫原則》，北京：國際文化出版社，2011 年 5 月第一版，第 296 頁。

〔註 5〕〔美〕琳內‧麥克塔格特著，蔡承志譯：《療愈場 宇宙秘密力量的探尋》，北京：華夏出版社，2012 年 1 月第一版，第 121～142 頁。

而異性配對小組全部由熟人組成，互補效果非常好，所得成績是組員個人成績的 3.5 倍；戀愛中的伴侶所組成的親密配對產生的效應最為強大，幾乎達到個別受試成績的 6 倍。〔註6〕

本文討論的大六壬等數術是以象數模型的構建為基礎來進行預測的（象數模型的構建原理詳見第八章）。

在預測實踐中，我們可以感受到象數模型確有價值。比如，近現代的科學家從象數模型中汲取了營養，做出了科學研究上的突破。上個世紀三十年代劉子華先生用周易八卦原理成功預測太陽系存在第十大行星，〔註7〕此事轟動歐洲，早已不是新聞；當代自然科學家、中科院院士翁文波先生用天干地支紀曆的原理結合現代預測技術成功預測了旱災、暴雨、洪水、地震等自然災害，有專著《天干地支紀曆與預測》〔註8〕問世，據統計僅在 1982～1992 十年時間內，其預測準確率達到 83.7%；〔註9〕瑞士著名心理學家榮格癡迷於中國的《易經》卦象體系，深感其預測與現實世界呈現驚人的巧合，提出「共時性原理」來解釋這種現象。〔註10〕心理學屬於現代科學範疇，作為崇尚科學的西方心理學大師，榮格能夠肯定周易預測的價值，難能可貴。但是他的這種解釋，筆者認為並不完全恰當，我們在第八章第五節來專門探討。

以上是象數模型在現代科學預測中發揮的作用，那麼數術預測在實踐中的占驗情況如何呢？上海社會科學院熊月之研究員作了相關研究，對近代中國的讀書人在命理學方面的興趣、實踐以及深層次的原因均有討論。這一項研究成果比較有代表性，值得參考（詳見《緒論》第一節）。

下面談談本人的研究。由於數術門類眾多，要探討占驗的問題還得分兩類來說。

〔註6〕〔美〕琳內·麥克塔格特著，蔡承志譯：《療愈場　宇宙秘密力量的探尋》，北京：華夏出版社，2012 年 1 月第一版，第 136～137 頁。

〔註7〕唐明邦：《劉子華的象數思維方式及其科學預測》，《中華文化論壇》2001 年第 2 期。

〔註8〕翁文波、張清編著：《天干地支紀曆與預測》，北京：石油工業出版社，1993 年 7 月第一版。

〔註9〕徐道一等：《翁文波院士對天災預測的傑出貢獻》，《中國地質學會地質學史專業委員會第 24 屆學術年會》2012 年 10 月。

〔註10〕〔瑞士〕榮格著，關群德譯：《榮格文集》第四卷《心理結構與心理動力學》第七部分《共時性：非因果性聯繫原則》，北京：國際文化出版社，2011 年 5 月第一版，第 287～362 頁。

第一類，近年出土的簡帛材料顯示，戰國秦漢年間屬於兵陰陽家的許多數術類的東西，比如說刑德術、厭兵術，就是在《漢書·藝文志》裏面曾經有過記載但後世已經失傳的東西。失傳的一個重要的原因是其不能有效指導戰爭，沒有人願意再去學習它而被人們遺忘了，或者說其占驗率不高而被歷史淘汰了，這個歷史淘汰問題我們在後文中還會繼續討論。

第二類，如大六壬、六爻（俗稱金錢卦）、筮占等等一直流傳至今，至少有 2000 多年的歷史，它們的占驗如何？

馬王堆帛書《易傳·要》記載有孔子研易的一句話：「子贛曰：『夫子亦信亓筮乎？』子曰：『吾百占而七十當，唯周梁山之占也，亦必從亓多者而已矣。』」〔註11〕劉大鈞先生評論說：「這段文字清楚明白地記載了孔子信筮喜占：子貢問孔子相信占筮否，孔子說他占 100 次有 70 次能算中，但仍不如『周梁山占得準確。」〔註12〕這說明孔子承認筮占的準確性，也說明其準確性與卜者的水平有關。

六爻卦的占驗率是多少？朱辰彬先生認為一個訓練有素的卜者其準確率長期穩定在 85%左右。〔註13〕王虎應先生從他多年來預測失誤的案例中選取了 177 例彙集成冊著成《六爻預測誤中悟》，分析錯誤的原因（案：這是筆者見到的唯一一部坦誠公佈預測失誤的著作）。王先生坦言，預測術本身沒有 100%的準確，他自己預測過的卦例上萬個，保留有記錄的將近八千，其中包括了失誤的例子，但《六爻預測誤中悟》記載的例子只是他失誤的一部分。〔註14〕王先生沒有明確說過他自己的準確率是多少。如果我們將《六爻預測誤中悟》記載的這 177 個例子放大 10 倍，再除以 8000，可以粗略得到王虎應先生的正確率接近 80%。不過以王先生的名氣，正確率應該不會低於 80%。

大六壬的占驗率如何？當代討論這個問題的學者不多，嚴敦傑在《式盤綜述》一文的末尾有所涉及。他先說楊惟德撰寫的《景祐六壬神定經》中「釋壁度」和「釋日度」兩節提到要以當時的崇天曆入算，這樣便可以「用式無

〔註11〕 裘錫圭主編：《長沙馬王堆漢墓簡帛集成》三《周易經傳·要》，北京：中華書局，2014 年 6 月第一版，第一一六頁。
〔註12〕 劉大鈞：《孔子與〈周易〉及〈易〉占》，《社會科學戰線》2010 年第 12 期。
〔註13〕 朱辰彬著：《中國搖錢古卜寶典》，北京：中國國際廣播音像出版社，2010 年 8 月第一版，第 10～12 頁。
〔註14〕 王虎應著：《六爻預測誤中悟》，香港：時輪造化有限公司出版，第 1～3 頁。

差〔註15〕，占事有準」，然後嚴先生評論說：「恐怕以後的六壬式便不如他頂算了。」言下之意：楊惟德占得準，後世不如楊氏那麼準。

　　緊接著，嚴先生又以陳良謨《六壬占驗指南》（案：即陳公獻《大六壬指南》）中「甲申年十二月甲申日癸酉時……占元旦有雪否」爲例，排出四課三傳後，引用原著中的占詞「申爲水母，發用生中傳亥水，又乘螣蛇，乃雙雪頭彎曲之形，〔註16〕是以斷今晚明日有雪。」然後嚴先生評論說「六壬式排列出四課三傳是容易的，但占驗則不可信。」〔註17〕

　　嚴先生判斷「占驗則不可信」的依據是什麼呢？筆者看得一頭霧水，於是查閱了原著，發現陳公獻提供的案例基本上都有占驗情況的反饋，比如「故有此應」「果六日後連雨」「故略灑塵而已」等等。但是甲申日占雪這個案例沒有明顯的標誌性字眼表示占驗情況。如果這是嚴先生判斷「占驗則不可信」的依據，那眞是太缺乏說服力了。很可惜，嚴先生除了發表這樣一句評論之外，沒有提供更多「占驗則不可信」的證據和分析。但是嚴先生分明認爲楊惟德占得準，那麼嚴先生認爲大六壬的占驗到底可信不可信呢？

　　關於大六壬的占驗率，筆者查到一份資料說：「精通六壬者預測準確率、成功率可達 97% 以上」〔註18〕，這麼高的準確率十分令人懷疑，但是在沒有找到權威的統計之前先記錄於此供參考。筆者在傳世文獻中也沒有見到可以參考的直接數據。但是大六壬流傳的歷史之久遠，流傳下來的典籍之豐富，涉及到的名人之廣眾，令人吃驚（詳見《緒論》第二節）。這些情況表明，大六壬廣泛而深遠地影響了中國古代社會，有眾多古聖先賢研究、學習它，並推動其傳承。從宋代以來流傳下來的大六壬實戰案例記錄，比如《大六壬斷案》《大六壬指南》《御定六壬直指》《壬占匯選》《六壬辨疑　畢法案錄》等等來看，其占驗率是相當高的。《六壬辨疑　畢法案錄》詳實記載了每一個案例預測的情況以及占驗和不占驗的情況；《大六壬指南》和《大六壬斷案》案例的斷語比較詳細，應驗情況記載得比較簡單，但通觀全書幾乎是 100% 的占驗。

〔註15〕　案：嚴敦傑原文爲「用式參差」，文意明顯不通。現依據人民中國出版社李零點校本 1993 年 6 月第一版校改。

〔註16〕　案：嚴敦傑原文爲「乃雙雪頭灣曲之行」，文意明顯不通。現依據華齡出版社鄭同點校本 2013 年 1 月第一版校改。

〔註17〕　嚴敦傑：《式盤綜述》，《考古學報》，中國科學院自然科學史研究所 1985 年第 4 期。

〔註18〕　王玉嶺：《著名數術學家秦新星》，《決策與信息》1996 年第 5 期。

我們認為這顯然不是一個客觀的結果，因為一個人不論技術多麼嫻熟，經驗多麼豐富，他不可能不出錯。那些出錯的案例，術家很可能沒有如實公佈於眾，他們有可能捨棄掉失敗的案例，也可能根據事後的結果去修正，然後當做成功的案例記載下來迷惑大眾。不過，這些作品能夠流傳到今天沒有被歷史淘汰，我認為那些六壬名家的占驗率應該遠高於「吾百占而七十當」。

古書上的記載以及筆者本人和易友的實踐表明，流傳久遠的這些數術的確是應驗率很高的。孔子說他「吾百占而七十當」，這說明他的預測水平還不夠上乘。

不過，仔細分析這些占卜方法，並非沒有疑點：以大六壬為例，一是它大量運用神煞，而神煞體系本身是一些荒誕不經的東西；二是它的運算方法並非符合實際天象，而且存在門派的差異，但各門派都「占事有準」。下面兩節我們就來看看這些疑點。

第二節　可疑的神煞

數術中的神煞系統是早期鬼神崇拜的遺留。在殷墟甲骨卜辭中，可以明顯的看到鬼神地位崇高而神通廣大。到春秋戰國之際，隨著人們對自然規律瞭解的深入，至高無上的「帝」被冠名以「天一」、「太一」，這暗示著「數」的力量勝於鬼神。所謂數術學之「數」，筆者理解便是大自然與人類社會發展變化的規律。

神煞種類眾多，主要有兩類。第一類按時間（年、月、日）直接推算，吉神就代表吉利，凶神就代表凶禍。第二類是類象神煞，指代某一類的事，簡稱類神。

一般來說，產生年代越早的數術，其神煞越屬於第一類。在新出的戰國秦漢年間的簡帛材料中，我們可以清楚看到這一點。下面就以兵陰陽家的威斗厭兵術和邢德術來說明這個問題。兵陰陽家即是兵家中的數術家，我們把威斗厭兵術和刑德術歸入兵陰陽家，是根據《漢書·藝文志·兵書略》的這句話：「陰陽者，順時而發，推刑德，隨斗擊，因五勝，假鬼神而為助者也。」〔註19〕

〔註19〕〔漢〕班固撰，〔唐〕顏師古注：《漢書·藝文志》，北京：中華書局，1962 年6 月第一版，第一七六〇頁。

一提到威斗厭兵術，我們立刻想到第四章第五節提到過王莽鑄威斗厭漢兵的記載，此處不贅述。

順著斗杓所指的方位去進攻，所向無敵；反過來，被北斗所指的方位，無比危險。兵陰陽家的厭兵術常用到這個法則。這個法則背後的原理是什麼呢？筆者猜測，既然斗為帝車，上帝乘坐北斗四處巡視，斗杓所指即是上帝巡視的方向。斗杓附近的那幾顆星很可能代表天兵天將，為上帝開路護航。順著這樣的思路，那麼如果迎著斗杓即是逆行，將遭遇天譴，如果順著斗杓則順行，猶有神助。

這樣的猜測對不對呢？查閱《史記・天官書》，其云：「杓端有兩星：一內為矛，招搖；一外為盾，天鋒。有句圜十五星，屬杓，曰賤人之牢。其牢中星實則囚多，虛則開出。」〔註20〕顯然，杓端的星要麼主兵，要麼主牢獄，跟祂們對著幹不是自取滅亡麼？

厭兵術有很多種，有的屬於巫術，有的由巫術演變成了數術。威斗厭兵術應該屬於後者。王莽如此迷信厭兵術，大敵當前並不抵抗，而是調整姿勢順隨斗柄的指向而坐，結果死於刀槍之下，看來迷信鬼神沒有好果子吃。屬於巫術的厭兵術大概一直流傳到清朝末年。義和團的那些自稱刀槍不入的敢死隊員，一個個揮舞著大刀長矛赤膊上陣，結果死在洋槍洋炮之下，鬼神並不能保祐他們。看來，迷信鬼神而不重人事究竟沒有好處。

再看看邢德術。刑、德是兩種神煞，根據最新出版的《長沙馬王堆漢墓簡帛集成》記載的《刑德占》，刑、德方位的推算以「年」或者「日」為依據直接確定（其具體算法的討論與本章主題關係不大，就放在附錄中供有興趣的讀者參考，見附錄5）。〔註21〕

《刑德占》根據作戰進攻時與刑、德方位所形成的十五種相對位置關係得出了不同的吉凶判斷：

> 背刑德，戰，勝，拔國。
>
> 背德右刑，戰，勝，取地。
>
> 左德右刑，戰，勝，取地。

〔註20〕　〔漢〕司馬遷撰：《史記・天官書》，北京：中華書局，2014年8月第一版，第一五四五頁。

〔註21〕　裘錫圭主編：《長沙馬王堆漢墓簡帛集成》五，北京：中華書局，2014年6月第一版。

左德背刑，戰，勝，取地。

背德左刑，戰，勝，不取地。

背刑右德，戰，勝，不取地。

右德左刑，戰，敗，不失大吏。

右刑德，戰，勝，三歲將死。

左刑德，戰，半敗。

背刑迎德，將不入國；如有功，必有後殃；不出六年，逮將君
王。

背德迎刑，深入，眾敗，吏死。

迎德右刑，將不入國。

迎刑德，戰，軍大敗，將死亡。

左刑迎德，戰，敗，亡地。

左德迎刑，大敗。

所謂「背」，就是背對著；所謂「迎」，就是面向；所謂「左」，就是在左
邊；所謂「右」，就是在右邊。這十五種不同的位置組合形成了不同的吉凶，
但是又有三種特殊情況：

一是在五個根日打仗最不利，即使在背刑德（最有利進攻的方位）的情
況下取勝，也不能佔領土地。所謂根日是指：德在木，以乙卯爲根日；德在
火，以丙午爲根日；德在金，以辛酉爲根日；德在水，以壬子爲根日；德在
土，以戊戌爲根日。

二是在三奇日打仗最有利，即使根據刑、德的方位判斷不利，也能夠獲
勝。所謂三奇日即是戊辰、戊戌、庚辰、庚戌、壬辰、壬戌日。

三是迎著太陰的方位打仗（案：太陰從甲子年起於子開始起算，逐年順
行十二支），即使按照刑、德的方位判斷不利也會獲勝。因爲太陰是最尊崇的
天神，不可背而可向（《淮南子・天文訓》：「天神之貴者，莫貴於青龍，或曰
天一，或曰太陰。太陰所居，不可背而可鄉。」）。

上文中那十五種方位的吉凶應驗情況如何呢？整理者說，幾篇文獻的占
辭並不一致，「《刑德》甲篇、乙篇之占辭，當是在《刑德》丙篇之基礎上，

結合史實改寫。」〔註 22〕這說明，刑德術在同一個時代便有不同的版本，或者說理論與實踐並不一致，靠星神來幫助打仗並不能獲勝。

孟子就說過：「天時不如地利，地利不如人和。」

《尉繚子‧天官》也說：「梁惠王問尉繚子曰：『吾聞黃帝有刑德，可以百戰百勝，其有之乎？』尉繚子對曰：『不然……世之所謂《刑德》者，天官、時日、陰陽、鄉背者也。黃帝者，人事而已矣。』何以言之？今有城於此，從其東西攻之不能取，從其南北攻之不能取，此四者豈不得順時乘利者哉？然不能取者何？城高池深、兵戰具備、謀而守之也。若乃城下、池淺、守弱，可取也。由是觀之，天官、時日，不若人事也。」〔註 23〕

《韓非子‧飾邪》說：「龜筴鬼神不足舉勝，左右背鄉不足以專戰。然而恃之，愚莫大焉。」〔註 24〕

《淮南子‧兵略訓》說：「明於星辰日月之運，刑德奇賌之數，背鄉左右之便，此戰之助也，而全亡焉。」又說「雖順招搖，挾刑德，而弗能破者，以其無勢也。」〔註 25〕

這些議論或屬於認識論，或屬於經驗論，或兼而有之，總之是說明靠刑德術來指導打仗並不靠譜。面對流血犧牲，那些不靠譜的理論必然會被淘汰。

胡文輝先生有一段議論，筆者特別贊同，轉引如下：

> 傳世的早期兵書幾乎只限於《兵書略》的兵權謀、兵形勢一類，尤以兵權謀為主；而載於《兵書略》中的早期兵陰陽著作很早就已散佚殆盡，只有在傳世的其他種類文獻——如《史記‧天官書》、《越絕書》、《靈臺秘苑》、《開元占經》等——中還有所殘存。可見古書的流行並不是自然的淘汰，而是人為的淘汰；古書的亡佚往往並不是因為天災人禍，而是因為後人的「集體無意識」的篩選。〔註 26〕

〔註 22〕裘錫圭主編：《長沙馬王堆漢墓簡帛集成》五，北京：中華書局，2014 年 6 月第一版，第二八頁。

〔註 23〕徐勇注譯：《尉繚子 吳子》，鄭州：中州古籍出版社，2010 年 1 月第一版，第 39 頁。

〔註 24〕張覺撰：《韓非子校疏析論》，北京：知識產權出版社，2011 年 10 月第一版，第 291 頁。

〔註 25〕劉文典撰：《淮南洪烈集解》，北京：中華書局，1989 年 5 月第一版，第四九六頁、五〇九頁。

〔註 26〕胡文輝著：《中國早期方術與文獻叢考》，廣州：中山大學出版社，2000 年 11 月第一版，第 227 頁。

神煞是虛構的，雖然古人頗費心思設計了一套神煞的運行規律，但是實踐證明那完全是一種想像。用神煞來模擬現實世界是荒謬的，用這套理論來指導打仗當然無法取勝。

生活中也有許多這樣的神煞。比如建除術，寅月的寅日為建，卯日為除，按日依次排下去為滿、平、定、執、破、危、成、收、開、閉；卯月的卯日為建，辰日為除，依次類推。〔註27〕《淮南子》說：「寅為建，卯為除，辰為滿，巳為平，主生；午為定，未為執，主陷；申為破，主衡；酉為危，主杓；戌為成，主少德；亥為收，主大德；子為開，主太歲；丑為閉，主太陰。」〔註28〕至少在《淮南子》成書的時代，建除術就已經成熟了，似與北斗有關，吉凶直接按日確定。更早期的建除術在《放馬灘秦簡日書》《睡虎地秦簡日書》《九店楚簡日書》中都可以找到。後世的曆書大概由此發端吧。

與此類似的反支日、歸忌日，顏之推議論說：「至如反支不行，竟以遇害；歸忌寄宿，不免凶終：拘而多忌，亦無益也。」〔註29〕大意是說反支日不要出行，但是不出行也遇害了；歸忌日忌諱返程，但是在外寄宿也遇害了，遵守這些拘束和禁忌，沒有什麼益處。

民間至今流傳的老黃曆上標注的宜忌之類，某日宜做什麼，不宜做什麼，細想起來生活中哪有那麼多吉凶禁忌呢？理髮、嫁娶、上樑、開張，天底下那麼多人，都在同一天適合或不適合做同一類事嗎？其道理如同厭兵術和刑德術一樣荒謬。之所以至今流傳，大概滿足老百姓的心理需求吧：花錢不多，簡單實用。

下面我們來討論第二類神煞。比如在大六壬占法中，其神煞代表一種類象，簡稱類神。《五行大義》卷五《論諸神》：「騰蛇主驚恐；朱雀主文書；六合主慶賀；勾陳主拘礙；青龍主福助；天后猶是神后，天一之妃；太陰主陰私；玄武主死病；大裳主賜賞；白虎主鬥訟；天空主虛耗也。」〔註30〕其他諸如驛馬、桃花都是這一類。類神雖然也有吉神、凶神的區別，但是祂們並

〔註27〕〔清〕允祿等撰：《協紀辨方書》，鄭州：中醫古籍出版社，2012年2月第一版，第147～170頁。

〔註28〕劉文典撰：《淮南洪烈集解》，北京：中華書局，1989年5月第一版，第一一七頁。

〔註29〕王利器撰：《顏氏家訓集解》，北京：中華書局，2014年9月第一版，第551～552頁。

〔註30〕〔隋〕蕭吉著，劉洪玉、劉炳琳譯解：《五行大義白話全解》，北京：氣象出版社，2015年1月第一版，第321頁。

不直接主導吉凶，而是以六壬課諸要素（類神、神煞〔註31〕、干支、課傳、六親、十二長生運、課體等等）之間形成的相互關係中呈現的「象」來決定吉凶。

不過，一般來說數術中起決定作用的是五行生剋關係。仔細分析大六壬、金錢卦（六爻）、子平術（四柱命理）的運算規則，我們會發現某數術門類形成的時間越早，其五行生剋之理（強調月令和生剋乘辱）越不精細，那麼神煞的作用就越重要。反之亦然。

大六壬至遲在西漢晚期東漢早期已經形成，當時人們對五行生剋關係的精細化理解還不高，所以大量運用類神體系，至少傳統的斷法是這樣的，有些新派（或者叫新新派更合適，是一些現代人通過自己的理解創造的新斷法）以生剋爲主而弱化了神煞，本文不討論。

金錢卦上承西漢納甲筮法，大概形成在南北朝時期，一直流傳到現代。〔註32〕從金錢卦的發展來看，大致上越到後期其五行生剋的邏輯越強，其神煞的作用越弱。清代金錢卦經典之作《增刪卜易·星煞章》說：「諸書星煞最多，余留心四十餘載，獨驗貴人、祿神、驛馬、天喜。然亦不能獨操禍福之權，用神旺者，見之愈吉，用神失陷，雖有如無。李我平曰：伏羲觀奇偶以判陰陽，文王以爻辭而斷凶吉，周公之後，決禍福於五行，易道窮矣！今兼吉凶星煞，不知起自何人，喪門、大殺，險語驚人，往往全無應驗。」〔註33〕

子平術據說由宋代徐子平集前賢之大成而作，當時五行相互作用的思辨已經非常精細化了。在子平術的發展過程中，五行旺衰以及生剋乘辱沖合的邏輯運算越來越重要，神煞的作用被眾多命學前輩如任鐵樵、張楠、陳素庵等等批判，至今已經相當弱化了，常用的神煞——比如天乙貴人、桃花煞、驛馬星、將星、華蓋星、文昌星等等——只剩下十來個。

但是，大六壬的類神畢竟脫胎於荒謬的神煞體系，這些神煞取象爲何能夠將客觀事情勾畫得如此逼眞？爲何五行之理越發達的數術門類，其神煞體系就越弱化？這個問題，我們在本章第四節再來詳細討論。

〔註31〕　筆者注：類神指天將十二神朱雀、騰蛇、青龍等等和十二月將太衝卯、功曹寅之類，大六壬一般將十二天將、十二月將和神煞分開來論，但是本文認爲，天將和月將也屬於神煞，是比較高級的神煞。

〔註32〕　趙坤：《納甲筮法源流考》，寧夏大學碩士學位論文2016年。

〔註33〕　〔清〕野鶴老人撰，鄭同點校：《京氏易精粹》3《增刪卜易》，北京：華齡出版社，2010年3月第一版，第一一六頁。

第三節　運算中的疑點

通過前面諸章節的分析，我們知道大六壬起源於中國古代天文學，但是細考其占法就會發現事情並非如此簡單。

第四章討論了日在加時占法的演變，我們可以看到中國古人對天體運行的觀測日漸準確和精密，然而大六壬占法成型之時，歲差還沒有被人們認識。等到歲差在李唐時代被普遍承認，各節氣的起止點恰好大約退行了 15 度，於是用中氣換將代替了節氣換將，這實際上依然是以《三統曆》規定的月將的起止點為計算依據的。

至宋代冬至點進一步退行，楊惟德恪守《三統曆》規定的十二月將起訖宿度，認為他所處時代的中氣換將已經不能為用，並舉例說「假令十一月十五日冬至，在南斗六度。至二十一日，在南斗十二度。於辰在丑方，用大吉為月將。若二十日以前用式占事，猶用功曹為月將。餘皆仿此。」〔註 34〕從後世流傳的六壬案例來看，楊惟德的觀點並未被採納，為什麼沒有被採納，因為這實在是一個棘手而疑惑的問題。

比楊惟德略晚了半個世紀的沈括就很疑惑到底該用合神還是該用太陽過宮來定月將〔註 35〕。後來，明代姚廣孝和清代劉赤江針對這個問題又提出爭議，此處不詳論。然而爭議歸爭議，卻爭而無果，六壬術家至今依然恪守中氣過宮的原則。殊不知，今天的節氣與《三統曆》時代已經顯著不同了，一

〔註 34〕楊惟德《景祐六壬神定經》專門談到大六壬月將的起訖問題，參見第四章《大六壬「日在加時」占法源流考》第一節內容。

〔註 35〕〔宋〕沈括著，金良年、胡小靜譯：《夢溪筆談全譯》，上海：上海古籍出版社，2013 年 6 月第一版，第 59～60 頁。原文如下：

「合神」者，正月建寅合在亥，二月建卯合在戌之類。「太陽過宮」者，正月日躔諏訾，二月日躔降婁之類，二說一也。此以《顓帝曆》言之也。今則分為二說者，蓋日度隨黃道歲差。今太陽至雨水後方躔諏訾，春分後方躔降婁。若有「合神」，則須自立春日使用亥將，驚蟄使用戌將。今若用太陽，則不應合神；用合神，則不應太陽，以理推之，發課皆用月將加正時，如此則須當從「太陽過宮」。若不用太陽躔次，則當日當時日月、五星、支干、二十八宿，皆不應天行。以此決知須用太陽也。然尚未是盡理，若盡理言之，並月建亦須移易。緣目今斗杓昏刻已不當月建，須當隨黃道歲差。今則雨水後一日方合建寅，春分後四日方合建卯，穀雨後五日方合建辰，如此始與太陽相符，復會為一說。然須大改曆法，事事釐正。如東方蒼龍七宿，當起於亢，終於斗；南方朱鳥七宿，起於牛，終於奎；西方白虎七宿，起於婁，終於輿鬼；北方玄武七宿，起於東井，終於角。如此曆法始正，不止六壬而已。

是《三統曆》用平氣，今天用定氣（從清代《時憲曆》開始已經行用定氣了）；二是今天的冬至點與《三統曆》相比已經退行了大約 30 度。這說明大六壬早已脫離了實際天象！

除了月將，後人對天一貴神統領的天將運算也有疑惑。首先就是天一貴神的算法主要有針鋒相對的兩種版本。我們在第五章對這個問題的來龍去脈進行了梳理。天一貴神的算法最早是模仿六合的原理而設計，計算起來比較繁瑣，這便是「郭法」，到六朝時期已被簡化，這便是「舊法」。〔註 36〕後世的術家早已忘記早期設計的原理，不同門派恪守師承，老師怎麼教，我就怎麼用，於是這兩種算法各有市場，今天的術家在實踐中各行其是，互相攻擊。令人玩味的是六壬高手劉科樂先生的一段議論：

> 其實從諸多古今案例來看，兩種貴人起例完全可以由壬友們自行選擇取用，並無對錯之分……但有兩點必須注意，一、選定一種起例後，終生決不更改，認定一種用，不可今日用這種，明日覺得某師講得有理，又用另一種；二、壬友間相互交流時，別人拿自己已經起好的課或者古人的案例來討論，即使起例不同，也必須按照對方的課或古例的起例推衍，不可改動他人已成課式的天將乘臨。

〔註 37〕

各門派的高手們按照各自的方法分別能夠「算準」！這令人十分驚訝。

此外，天將十二神的排列順序是固定的，即是天一貴神居中，「前一騰蛇，前二朱雀，前三六合，前四勾陳，前五青龍。後一天后，後二太陰，後三玄武，後四太常，後五白虎，後六天空」。然而這種排列的道理至今無人破譯。對此，沈括提出疑問和解決方案，聽起來頗有道理，他說：

> 六壬有十二神將，以義求之，止合有十一神將，貴人為之主，其前有五將，謂騰蛇，朱雀、六合、勾陳、青龍也，此木、火之神在方左者；（方左謂寅、卯、辰、巳、午。）其後有五將，謂天后、太陰、玄武、太常、白虎也，此金、水之神在方右者。（方右謂未、申、酉、亥、子。）……（十一將，前二火、二木、一土間之，後當二金、二水、一土間之。玄武合在後二，太陰合在後三，今二神

〔註 36〕　案：請參考第五章《「天一貴神」算法之考辨》。
〔註 37〕　劉科樂著：《六壬時空》，北京：華齡出版社，2017 年 1 月第一版，第 112～113 頁。

差互，理似可疑也。）〔註38〕

但是六壬術家從來沒有採納過沈括的意見，而一直行用說不出道理的「祖傳秘方」，居然也能夠「占驗如神」。

此外，大六壬占法的主要爭議還有陰陽貴神的時間界定，有按照實際日出、日落時間來定的，只不過中國幅員遼闊，各地各節氣真實的日出日落時間並不容易測準，所以有直接按照日出卯時、日落酉時來劃分的，也有大致按照太陽在夏至出寅入戌，冬至出辰入申，其他時間出卯入酉來分的。本文就不詳細討論了。

以上種種跡象表明，大六壬表面上來源於天象，但其運算早已脫離實際天象，在占測中還形成了不同的派別，各自用不同的方法都「占事有準」，這其中的奧妙在哪裡呢？

第四節　心靈的世界及其呈現

筆者研究認為，大六壬的課傳其實是我們念頭與機緣相結合的產物，是我們的心靈與客觀世界相互感應而產生的投影。

我們將大六壬與其他幾種流傳久遠的數術——比如筮占（周易卦）、六爻（金錢卦）、子平術（四柱）相比較，就會發現它們的卦象或課象的形成過程可以分為兩類。金錢卦是某人有了強烈的求問某事的欲望，然後專心一念，借助銅錢成卦。周易卦的形成與金錢卦類似，某人有了求問的欲望，專心一念，借助蓍草成卦。大六壬強調以「正時」起課。何謂正時？如果自己占，心念一動，天機即在其中，就以發念之時為正時；他人占事，一般以遇見占師的時間為正時，因為兩個人能夠相遇自然含有天機在其中；或者由當事人口報一個時辰為正時，要求不假思索，脫口而出，此時天機活潑，靈驗準確，如果稍加遲疑，則天機為思慮物欲遮蔽，靈驗度就打了折扣。〔註39〕子平術是以人的出生時間（年、月、日、時）的四組干支來確定命盤，它直接來源於干支紀曆，這種命盤是自然而然產生的，並不涉及到人的念頭。

顯然，六壬課、周易卦、金錢卦的產生都與念頭密切相關。

〔註38〕〔宋〕沈括著，金良年、胡小靜譯：《夢溪筆談全譯》，上海：上海古籍出版社，2013年6月第一版，第61～62頁。

〔註39〕李峰注解：清康熙內府精抄本《御定六壬直指》，海口：海南出版社，2002年2月第一版，第3～5頁。

認真想想我們身處的世界，其實這裡存在三個世界：一是**客觀世界**；二是人們造出來一套符號（數字、文字、圖像等）來描述他們感受到的世界，這便是**心靈造出的世界**（有人將其稱之爲**主觀世界**或**觀念世界**）；三是某人對某個事情特別關心所產生的念頭，這個念頭與客觀事件發生感應，並以某種媒介（卦象、課象等）呈現出來，這便是**心靈世界的投影**，用一套符號和運算法則來解讀它，就可以瞭解事情的發生、發展和變化。簡言之，所謂兩重心靈世界，一個是主觀世界，另一個是主觀世界的投影（本文將其稱之爲「心靈世界的投影」）。

比如說：天體運行（這裡主要指日、地、月的關係），這是客觀世界；人們造出來一套干支符號來描述天體運行，這是**心靈造出的世界**——「干支紀曆」。干支紀曆比較準確地反映了天體運行的規律，所以今天的科學家依據干支紀曆能夠預測自然災害（詳見本章第一節）。

嬰兒出生的時間是一個客觀事件，用此時天體運行的干支符號（生辰八字）來描述這個時間，這是**心靈造出的世界**。因爲人在天地的大舞臺生存，人的活動不可避免地被天地制約、影響，所以用這套干支符號的運算可以近似的勾畫出一個人一生發展的趨勢。

我們的心靈對某一件事情有強烈的關心，通過一套程序來記錄這個念頭，然後通過一套符號的運算來破譯這個念頭就可以推演事情的發展趨勢。周易卦、金錢卦、六壬課都是這樣形成，這便是**心靈世界的投影**（這個投影與客觀世界具有較高程度的吻合，其中的道理我們在下一章來探討）。

又比如說寫文章、繪畫、雕塑等，凡是我們主動用一套符號去描述客觀世界便屬於心靈造出的世界。當我們的念頭（不管是意識層面的還是潛意識層面的念頭）與客觀事物發生感應，然後以某種媒介自動地呈現出來，這便是**心靈世界的投影**。你信筆塗鴉就屬於這一類，據說有心理學家可以根據你信筆塗鴉的作品分析你的心理特質。當你放空大腦，貌似隨意畫出的畫、寫出的字，就可以反映出你的潛意識。

分析這些不同的情況，我們會發現心靈造出的世界有一個重要的特點：**它以解讀者理解的方式呈現**。比方說你寫一篇文章，如果眞正只是寫給自己看，那麼它完全是按照你自己理解的方式呈現出來，隨心所欲、不拘一格。如果另一個人偶然間得到了你寫給自己的文章，他想要完全讀懂的話，他必須與你有共同的理解方式，如果他與你的理解只是近似，那結果也只能是近

似讀懂。一個外國人，他與你有完全不同的語言符號，他就不可能讀懂你。但是，如果你是寫給別人看，你會不由自主地以別人理解的方式去寫。正所謂入鄉隨俗，到什麼山就唱什麼歌，你越是真誠就越會試圖以對方理解的方式與其交流，除非你很傲慢。有些功成名就的大畫家創造了一些奇怪的畫法，你看不懂卻不敢說出來，你怕他的那些眾多迷信的追隨者罵你不懂藝術。我懷疑那樣的大畫家內心充滿了傲慢。如果你有一套語言，他有另一套語言，雙方又都固守成見，那將永遠無法溝通。如果雙方語言不通，又真誠希望溝通的話，最希望溝通的那一方一定會尋求翻譯。需要申明的是，寫給自己看的東西與寫給別人看的東西並非是使用了兩套完全不同的語言（除非是用外語寫給外國人看），它們依然是同一套語言體系，只是呈現的方式不同，寫給自己看，寫給老人看，寫給兒童看，寫給領導看，寫給下級看，所用的語言技巧和口吻等諸多表達形式是有差異的。

「心靈世界的投影」與此非常相似，它會自動地以解讀者理解的方式呈現出來，只不過這個自動的過程我們完全感覺不到，但是在文獻和實踐中都可以找到證據。

明代六爻卦大師野鶴老人在四十多年的預測實踐中發現一個現象：完全不懂五行生剋之理的人也可以為自己占卜吉凶，只要他搖出卦按照卦圖排出六親和世應，看看哪個六親持世就可以簡單明瞭地判斷吉凶了。如果稍微懂得五行之理，卦就開始深奧起來，就不能用這個辦法。另外，不懂五行之理的人如果求得一個卦，如果安心去請人來看，卦也會變得深奧，也不能用這個辦法，詳見注釋〔註40〕。

〔註40〕　〔清〕野鶴老人撰，鄭同點校：《京氏易精粹》3《增刪卜易》，北京：華齡出版社，2010年3月第一版，第一五〜二一頁。原文如下：
　　野鶴曰：昔者吾友宦遊時，以此全圖相送
　　友問：我不知五行，焉知斷卦？
　　野鶴：先學點卦，點出卦象看是何卦，即在全圖內尋出此卦，照樣裝排世應、五行、六親。不用念卦書，縱知五行生剋之理，亦能決斷四宗大事。不管卦中動與不動，即照全圖內，單看世爻。
　　四宗事：吉凶、功名、財、病四件事。
　　占防憂慮患者，若得子孫持世無憂，官鬼持世憂疑難解，須加意防之。
　　占功名者，若得官鬼持世即許成名，子孫持世且宜待時。
　　占求財者，妻財持世必得，兄弟持世難求。
　　占疾病者，若得六沖卦，近病不藥而愈，久病妙藥難調。……
　　或問：求官者，若得官鬼持世，求名必成；求財者，若得妻財持世，求

　　野鶴老人教給不懂五行的人一個快速占吉凶的方法。有人評論說不如直接用一枚硬幣拋擲來看，事先指定哪一面爲吉利豈不簡潔？我說錯了，用一枚硬幣拋擲一次不能記錄我們的念頭。就如同一張氣象雲圖不能眞實地反映天氣變化一樣，必須是一組雲圖。我們的祖先發明的六十四卦，與我們的六十四個 DNA 密碼暗合，眞是一個奇蹟。每個卦六個爻，按照六次生成，再加上動變，用三枚硬幣拋擲六次正好能夠模擬這個自然或者人事的變化，這是準確記錄我們的念頭的方法之一。

　　原文中多次提到「神」，野鶴老人認爲有一個神在回答占者的提問。本文認爲這個神不過是我們自己專心一念的念頭——腦電波而已。**卦象是念頭的反映，你對世界理解到什麼程度，卦就複雜（或簡單）到什麼程度。**

　　無獨有偶，紀曉嵐在《閱微草堂筆記》中也記載了類似的情況。紀昀說：「其扶乩之人，遇能書者則書工，遇能詩者則詩工，遇全不能詩能書者，則雖成篇而遲鈍。……所謂鬼不自靈，待人而靈也。蓍龜本枯草朽甲，而能知吉凶，亦待人而靈耳。」〔註 41〕這段話說得很明白，問卜的人擅長什麼，鬼神的回答便以什麼來呈現。紀昀同野鶴老人一樣也認爲是鬼神在回答人的提問，本研究認爲那不是什麼鬼神，而是我們的念頭——腦電波。**我們的腦電波與客觀事件發生感應，這便是數術預測的機理。**其實《易傳》已經說了「同聲相應，同氣相求」的道理。但是，這兩者如何「感應」呢？這個問題我們後面還會詳細討論。

財必得。倘若官鬼爻與妻財爻或値旬空月破，或被卦中子孫發動以傷官，兄弟發動以傷財，雖遇官鬼持世、妻財持世，有何益耶？

　　予曰：爾知五行之理，神早知之，所得之卦，若非凶中藏吉，定是吉裏藏凶。此乃神聖引人以知其奧，自然要看旬空月破、生剋沖刑。今吾友不知五行之理，神亦早知。……

　　倘若稍知五行之理者，不可以此爲法，務必細看此書後卷。……

　　予又告吾友曰：此法甚善，名爲「賽錦囊」。予幼時止會點卦，不知裝卦，照此全圖裝排決斷。少經離亂，風波顚險，危處叨安，賴此之力。但余還有秘法，一併教爾。凡關一己之禍福者，只宜暗中卜之，照前決斷，不可令人在傍。占過之時，吉凶自知，切不可將此卦又問識者。爾若安心問人，神亦早知，所得之卦，定有深奧。寧可存此卦帖，待事過之後然後問人。……

　　吾友拜領而去，一別二十餘年，異日相會，謂予曰：蒙賜全圖，眞如錦囊，數十年來避凶趨吉，全得此力。許多細事，難以枚舉，略以幾宗而告之。

〔註41〕〔清〕紀昀著，沈清山注：《閱微草堂筆記》卷四，武漢：崇文書局，2018 年 1 月第一版，第 70～71 頁。

　　為自己占卜吉凶，這就如同寫文章給自己看。完全不懂五行生剋之理的人為自己占卜，這就如同還不會說話的嬰兒喃喃自語。一旦嬰幼兒開始學說話，他就要接受他那個生活環境的語法規則了，環境會逐漸糾正並提升他的語言表達能力，最後趨同一致。這個語言環境包括先輩們代代相傳的基礎符號和基本規則（語言大環境），也包括學語者所在小環境的具體的發音特點和語言習慣。然而，每個人的語言天賦不同，少數人成了語言大師，留下了美妙的作品傳世，眾多的人只是學會了基本的日常交流。學習占卜也是一樣，一旦你開始學習，祖先總結的那些五行生剋沖合的基本規則就開始以「集體無意識」方式左右你的思維，同時你跟從的老師又有他獨特的一套體系，你作為初學者必須以老師的那一套體系來預測才能算準。如果你的天賦足夠，勤奮也足夠，當你對陰陽五行的邏輯運算有了更深的理解，有了更貼近世界本原的理解，於是你看到的卦就會變得更深奧。

　　筆者在多年的研究實踐中，真實地感受到六爻卦的「山頭主義」特點（到什麼山唱什麼歌）。你到甲老師的地盤去占卦，用甲的理論斷出來就是對的；你到乙老師的地盤去占卦，就要用乙老師的理論才能算準。比如夜子時日干支的確定，甲老師認為 23 點到 0 點用次日的干支，乙老師認為用當日的干支，並且都振振有詞說是實踐的結果。你該相信誰呢？

　　又比如說錢幣陰陽的劃分，如果我們用清代銅錢占卦，以漢字這一面為正為陰，以另一面（滿文那一面）為背為陽，如果用現代的硬幣占卦，以有字的一面為正為陰，以圖案的那一面為背為陽（如圖 7-1）。〔註 42〕仔細推敲這個陰陽的劃分其實是非常主觀的東西。因為清代銅錢的背面是用滿文寫著面值多少多少文，這個相當於現代硬幣寫著面值的正面，而漢人通常把銅錢的面值當做圖案來看。如果是滿人，是不是要把漢字當做圖案來看呢？陰陽的劃分是不是應該相反呢？

　　在具體的運算規則中，各門派也有許多不同。作為初學者的你，向誰學習就用誰的理論。在實踐中還發現，你剛剛學習了某個知識點，就會遇到與此相符的卦象。在主觀世界中，如果人們的認知模型越貼近客觀世界（比如數學、物理學），用它來計算就越準確。在心靈世界的投影中同樣如此，前人總結的那些認知模式總有偏離客觀世界的地方，隨著你不斷深入學習，就會

〔註 42〕〔清〕野鶴老人撰，鄭同點校：《京氏易精粹》3《增刪卜易》，北京：華齡出版社，2010 年 3 月第一版，第四頁。

出現種種新情況，引導你不斷總結提高。

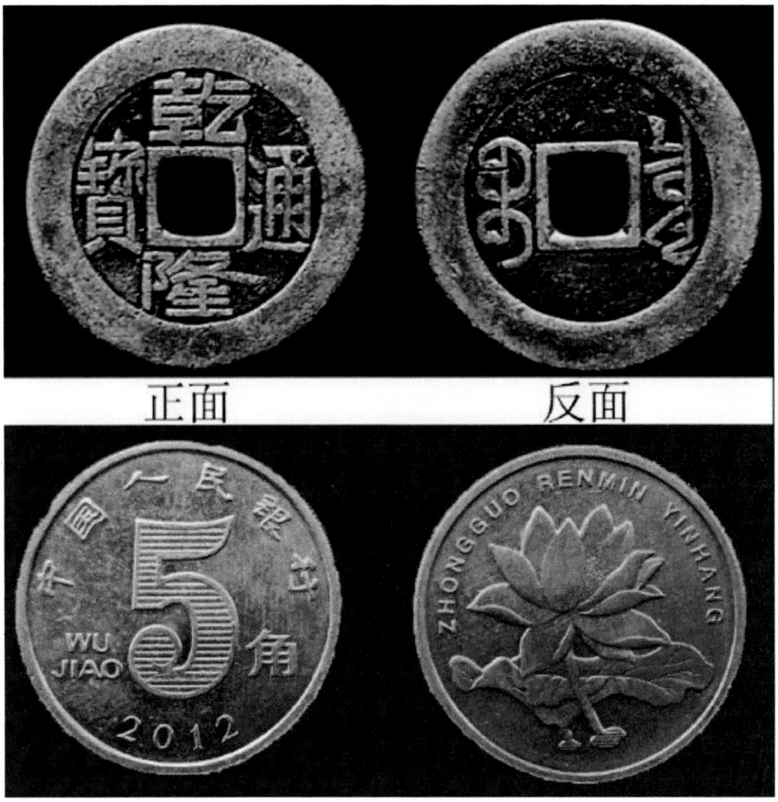

圖 7-1　錢幣正反面

　　大六壬與金錢卦的呈現原理是相似的。如此，我們就可以理解大六壬不同門派之間的爭論了。其實都不對，也都不錯，因為課象是念頭的產物，雖然到什麼山就唱什麼歌，但是你的念頭絲毫不爽。

　　如此，我們就可以理解大六壬為何會大量運用類神、干支、課傳的組合之象來斷吉凶了，因為它形成的那個時代，古人對「象」的理解勝於對五行生剋的理解。當大六壬這種以取象為主的占法形成了固定的模式之後，這種占法便象一個活化石一樣代代相傳。

　　如此，我們就可以理解為何五行之理越發達的數術門類，其神煞體系就越弱化。因為五行生剋之理屬於抽象思維，屬於邏輯運算，而神煞類象屬於形象思維，屬於聯想運算。筆者認為抽象思維比形象思維更高級，但並不是說抽象思維可以取代形象思維，所以某一種數術一旦是以抽象的邏輯運算來決定吉凶，那麼取象思維的聯想運算就只能起到輔助作用了。

需要申明的是：主觀世界雖然以解讀者理解的方式呈現，但是並不意味著解讀者一定能夠解讀準確，如同你以對方能夠理解的方式說話，並不意味著對方的理解一定準確無誤，這個道理是顯而易見的。心靈世界的投影同樣如此，雖然它以解讀者理解的方式呈現，但是並不等於解讀者能夠準確解讀出來，這需要知識和經驗的積累，也與解讀時的精神狀態密切相關。

接下來想要討論的是：某人找到某占師去問事，那個卦或課象便按照占師理解的語言體系呈現，我認為這種現象的機理屬於心靈感應。心靈感應現象曾經被當作巫術、迷信來批判，但是隨著科學的不斷進步，人們正在逐漸認識它。

第五節　心靈感應

筆者在知網上查詢近年來研究介紹心靈感應的文章共 12 篇〔註43〕，可以梳理出以下線索：

心靈感應現象是 1882 年英國心理調查協會的專家弗雷德里克邁雅斯提出的，是一種超感官知覺，又稱心電感應、他心通，這是人與生俱來的潛能，有的人感應力強，有的人弱。日常生活中，我們常常有這種體驗：說曹操，曹操到；你忽然想到某個人，他的電話就打過來，或者你就收到他的信；你

〔註43〕李雯：《心靈感應的研究》，《社會心理科學》2002 年第 1 期。

方鈞：《孿生子真有「心靈感應」嗎》，《民防苑》2006 年第 7 期。

王媛：《用眼睛撥電話，用意識玩電腦》，《電腦愛好者》2007 年第 9 期。

陳明立：《腦機接口開啟「心靈感應」時代》，《發明與創新（綜合科技）》2010 年第 12 期。

李璐；姚默；趙兵；高昂；於烽：《生物的心靈感應淺談》，《畜牧與飼料科學》2012 年第 2 期。

秦海波、廖東升：《心靈感應之腦電波解析與啟迪》，《國防科技》2013 年第 2 期。

新浪科技：《科學家發現第六感：為老鼠創造心靈感應》，《中國實驗動物學報》2013 年第 2 期。

余禮蘇：《「腦—腦」通信模式研究》，《科協論壇》2013 年第 10 期。

新京報：《用腦電波意念溝通網絡能心靈感應》，《今日科苑》2013 年第 15 期。

《科學家首次遠程傳遞「心靈感應」信息》，《電腦編程技巧與維護》2014 年第 9 期。

李泉瑛：《給一個車禍身亡放入冰棺 63h 個案實行喚醒術的體會》，《中國醫學裝備》2014 年對 12 期。

楊智：《腦機接口信息傳輸研究取得新突破》，《科學》2016 年第 1 期。

夢見親人生病或者過世，當時（或不久後）親人就真的生病或過世了；等等等等。一般來說，孿生子之間的心靈感應現象很強，父母和孩子之間比較強，兄弟姐妹之間稍強，情侶和親密關係的人之間常有，人與寵物之間也存在，在人群之間、動物之間普遍存在；遇到緊急的危險的特殊的情況，心靈感應會很強，平常時間很弱不易察覺。

　　國外很早就開始心靈感應的研究。我國在這方面的研究起步比較晚，而且受意識形態的影響曾經長期停滯不前。

　　在上世紀五十年代，我國科學家姜堪政先生著手研究生物場並取得初步成果。他發現透過微波透視儀器的「窗口」，一個人閉上眼睛能接受到隔壁人的思維內容；還發現透過微波透視鏡照射的雞蛋，孵化出來的小雞明顯地長著扁嘴和鴨蹼。〔註 44〕**在那個特殊的年代，姜堪政沒有因為這個驚人發現獲益，反而不幸被扣上唯心主義的帽子，被關進政治看守所。**現在姜先生已經成為俄羅斯國家科學院院士。近二十年來，國內有識之士在生物場和腦電波的研究領域取得突破性進展。研究發現每個人的腦電波如同指紋一樣具有身份識別意義。〔註 45〕腦電波是一種超長波，超長波可以穿透牆壁，穿透 100 米深的海水，在地下傳播損耗也較小，並能夠通過電離層繞過空間星體，具有繞射能力強，傳播距離遠的特點。〔註 46〕

　　2010 年清華大學醫學院研究神經信息解碼和腦機接口的洪波副教授帶領的團隊，取得了利用聽覺皮層的活動信號識別用戶思維的技術突破。〔註 47〕2015 年清華大學高上凱、高小榕與中科院半導體研究所王毅軍合作的腦機接口技術將信息傳輸速率提高到每分鐘約 60 字符。〔註 48〕目前這一項研究還在進一步深入。腦機接口技術應用前景廣泛，在醫學上可以解決殘疾人的生活便利問題，在軍事上可以開發腦控武器實現快速反應，在娛樂方面可以開發腦控遊戲機。等等。

〔註 44〕姜堪政、袁心洲著：《生物電磁波揭秘》，北京：中國醫藥科技出版社，2011 年 1 月第二版，第 48～54 頁。
〔註 45〕夏立文：《基於腦電波信號的身份識別技術》，北京郵電大學碩士學位論文 2011 年。
〔註 46〕秦海波、廖東升：《心靈感應之腦電波解析與啟迪》，《國防科技》2013 年第 2 期。
〔註 47〕陳明立：《腦機接口開啟「心靈感應」時代》，《發明與創新（綜合科技）》2010 年第 12 期。
〔註 48〕楊智：《腦機接口信息傳輸研究取得新突破》，《科學》2016 年第 1 期。

　　筆者認為，心靈感應的實質是人與人之間腦電波的交流，用心靈感應能夠解釋本章引言提到的兩個案例：陳明道死後他的腦電波很多年都沒有消失，而唐江山的基因序列中主管大腦皮層（或知覺記憶）的片段很可能與陳明道相似度極高，於是他就接受到了陳明道生前的信息；兇殺案中的死者，其身體死亡之後其大腦還沒有死亡，於是將兇手的信息通過腦電波傳送給了自己的姐姐。

　　那麼，心靈感應與占卜有什麼關係呢？我認為：

　　一是求問者想要找某占師問事的念頭一旦產生，問者的腦電波就指向占師了，問事的念頭越強、態度越虔誠，他的腦電波就越強。對於占師來說，他的名氣越大，一般來說證明他的預測能力越強，那麼他的信息場就越強；問者的腦電波就與占師的信息場開始進行交流，這便是心靈感應，於是呈現信息的「山頭主義」現象就產生了，也即問者的念頭為什麼是以占師理解的符號體系來呈現。這種情況很像榮格提出的「集體無意識」現象，在下一章的最後一節我們來詳細討論這個問題。

　　二是問者專注的念頭與關心的事情發生著感應，不管此事已經、正在或將要發生。這個問題我們在下一章來仔細研究。同時，在預測諮詢的整個過程中，問者與占師之間隨時進行著雙向的心靈感應，問者越是虔誠感應越強，占師越具有靈性感應越強。本文認為占卜的準確首先應該歸功於基礎知識紮實，運算能力強，但是要達到出神入化的境界，我認為應該歸功於求問者的虔誠和占師的靈性。比如李順祥先生在著作《人生信息學》中記載了這樣一個案例：

　　　　1996 年底，一位從吉林省吉安市來的姜先生，來找我預測。他先在表上寫出一位先生的生辰時間，寫時把生辰的「時」字寫成了「月」字，他自己塗掉後重新寫在旁邊，我抓住這個外應，迅速在腦中將其四柱推斷了片刻，對他說：

　　　　「此人在 1996 年已死，還測什麼？」

　　　　姜先生一時瞠目結舌，片刻才回過神來，豎起大拇指：「好工夫！有了這一句，其他就不必測了。他是我哥哥，1996 年酗酒中毒而死」。〔註49〕

〔註49〕 李順祥著：《易學經世真詮・人生信息學》上冊，北京：中央編譯出版社，2017年 8 月第一版，第 16 頁。

這個案例在我看來正是占師的腦電波通過問者與事情本身在發生感應，所以才能判斷得出神入化。

小結

本章從數術的占驗率開始，討論了秦漢年間流行的刑德術、威斗厭兵術以及一些曆注如建除術、反支日、歸忌日等，從中發現這一類神煞的荒謬；還討論了幾種流傳久遠的數術如大六壬、周易卦、金錢卦、子平術的應驗情況以及其中神煞的作用，發現類神在占驗中具有合理性；進一步分析大六壬的占法，我們可以發現其主要的運算要素並非符合天文學，卻依然「占事有準」。仔細分辨大六壬、周易卦、金錢卦、子平術課象（或課體）的形成過程，本文發現金錢卦、周易卦和大六壬都是我們念頭的產物。通過這些分析，筆者發現人類的認知模式具有二重性，本文將這兩種認知模式形成的圖景稱為「心靈造出的世界」和「心靈世界的投影」，進一步研究發現這二重認知模式都是以解讀者能夠理解的方式呈現。而且「心靈世界的投影」以腦電波為物質基礎，實現了對客觀世界的模擬，占師用一套運算法則可以對現實世界未來發展方向進行預測。在預測過程中，問者與占師還存在著心靈感應現象。

不過如果要進一步追問，我們的念頭所形成的卦象（或六壬課）為什麼能夠反映所關心的事情的發展趨勢呢？這個問題我們在下一章來討論。

第八章 「同氣相求」原理闡微——兼論 榮格「共時性原理」之局限

上一章我們談到人有二重認知模式，本研究將這兩種模式形成的圖景稱為「心靈造出的世界」和「心靈世界的投影」，後者的形成以腦電波為物質基礎。在數術學的實踐中，金錢卦、六壬課的產生與問卜者的念頭（腦電波）密切相關，我們可以用一套運算法則來解讀卦象（或課體）從而可以對其關心的事件的發展方向進行預測。不過，我們的念頭所形成的卦象（或課體）為什麼能夠反映所關心的事情的發展趨勢呢？

榮格提出「共時性原理」來解釋這個現象。筆者認為，榮格的解釋並不準確，本章就來深入探討這些問題。

第一節 氣生萬物

「氣」是中國哲學的一個基本範疇，仔細分析先秦兩漢的先哲們關於「氣」的眾多論述，可以看到「氣」的物質性，或精神性。

屬於物質之「氣」的論述有：

> 夫天地之氣，不失其序；若過其序，民亂之也。陽伏而不能出，
> 陽迫而不能蒸，於是有地震。今三川實震，是陽失其所而鎮陰也。
>
> 〔註1〕
>
> 水火有氣而無生，草木有生而無知，禽獸有知而無義；人有氣、

〔註 1〕〔民國〕徐元誥撰：《國語・周語上》，北京：中華書局，2002 年 6 月第一版，第二六頁。

有生、有知，亦且有義，故最爲天下貴也。〔註2〕

屬於精神之「氣」的論述有：

氣者，身之充也。〔註3〕

載營魄抱一，能無離乎？專氣致柔，能如嬰兒乎？〔註4〕

夫志，氣之帥也；氣，體之充也。夫志至焉，氣次焉。故曰：持其志，無暴其氣。〔註5〕

夫人生於地，懸命於天，天地合氣，命之曰人。人能應四時者，天地爲之父母，知萬物者，謂之天子。〔註6〕

人有五臟化五氣，以生喜怒悲憂恐。〔註7〕

兩者兼有的論述有：

萬物負陰而抱陽，沖氣以爲和。〔註8〕

是故天地者，形之大者也；陰陽者，氣之大者也。〔註9〕

人之生，氣之聚也。聚則爲生，散則爲死。若死生爲徒，吾又何患！故萬物一也。是其所美者爲神奇，其所惡者爲臭腐；臭腐復化爲神奇，神奇復化爲臭腐，故曰：「通天下一氣耳」。〔註10〕

天地合氣，萬物自生，猶夫婦合氣，子自生矣。〔註11〕

〔註2〕〔清〕王先謙撰：《荀子・王制》，北京：中華書局，2012 年 3 月第一版，第 162 頁。

〔註3〕〔清〕黎翔鳳撰：《管子校注・心術下》，北京：中華書局，2004 年 6 月第一版，第七七八頁。

〔註4〕陳鼓應注譯：《老子今注今譯》，北京：商務印書館，2003 年 12 月第一版，第 108 頁。

〔註5〕〔清〕阮元校刻：《十三經注疏》五《孟子》，北京：中華書局，2009 年 10 月第一版，第五八四〇頁。

〔註6〕郭靄春主編：《黃帝內經素問校注》，北京：人民衛生出版社，2013 年 11 月第一版，第 252～253 頁。

〔註7〕同上，第 58 頁。

〔註8〕陳鼓應注譯：《老子今注今譯》，北京：商務印書館，2003 年 12 月第一版，第 233 頁。

〔註9〕〔晉〕郭象注〔唐〕成玄英疏：《莊子注疏》北京：中華書局，2011 年 1 月第一版，第 477 頁。

〔註10〕同上，第 391 頁。

〔註11〕〔民國〕黃暉撰：《論衡校釋》，北京：中華書局，1990 年 2 月第一版，第七七五頁。

　　陰陽之氣，在上天，亦在人。在人者爲好惡喜怒，在天者爲暖清
寒暑。……人有喜怒哀樂，猶天之有春夏秋冬也，喜怒哀樂之至其時
而欲發也，若春夏秋冬之至其時而欲出也，皆天氣之然也。〔註12〕

　　在天爲氣，在地成形，形氣相感，而化生萬物矣。〔註13〕

　　天地合氣，六節分，而萬物化生矣。〔註14〕

此外，古人還提出「精氣、「血氣」和「秀氣」。

　　精也者，氣之精者也。……摶氣如神，萬物備存。能摶乎？能
一乎？能無卜筮而知吉凶乎？能止乎？能已乎？能勿求諸人而得之
己乎？思之思之，又重思之。思之而不通，鬼神將通之，非鬼神之
力也，精氣之極也。〔註15〕

　　人之所以生者，精氣也，死而精氣滅。〔註16〕

　　宮室足以避燥濕，食飲足以和血氣。〔註17〕

　　凡生天地之間者，有血氣之屬必有知；有知之屬莫不知愛其類。
〔註18〕

　　凡有血氣，皆有爭心，故利不可強，思義爲愈。〔註19〕

　　君子有三戒：少之時，血氣未定，戒之在色；及其壯也，血氣
方剛，戒之在鬥；及其老也，血氣既衰，戒之在得。〔註20〕

〔註12〕〔漢〕董仲舒著，張世亮等譯注：《春秋繁露》，北京：中華書局，2012年6月
　　　第一版，第641～644頁。
〔註13〕郭靄春主編：《黃帝內經素問校注》，北京：人民衛生出版社，2013年11月第
　　　一版，第565頁。
〔註14〕同上，第728頁。
〔註15〕〔清〕黎翔鳳撰：《管子校注・內業》，北京：中華書局，2004年6月第一版，
　　　第九三七～九四三頁。
〔註16〕〔民國〕黃暉撰：《論衡校釋》，北京：中華書局，1990年2月第一版，第八
　　　七一頁。
〔註17〕〔清〕黎翔鳳撰：《管子校注・禁藏》，北京：中華書局，2004年6月第一版，
　　　第一〇一二頁。
〔註18〕〔清〕孫希旦撰：《禮記集解》，北京：中華書局，1989年2月第一版，第一
　　　三七三頁。
〔註19〕楊伯峻編著：《春秋左傳注・昭公十年》，北京：中華書局，2009年10月第三
　　　版，第一三一七頁。
〔註20〕〔清〕阮元校刻：《十三經注疏》五《論語》，北京：中華書局，2009年10月
　　　第一版，第五四七九頁。

人者，其天地之德，陰陽之交，鬼神之會，五行之秀氣也。
〔註21〕

細思之，「氣」泛指構成宇宙萬物的基本物質，「血氣」指構成動物的精微物質，而「精氣」和「秀氣」是人特有的東西。

其他還有各種各樣的氣，比如浩然之氣、元氣、衛氣、魂氣等等，這裡就不一一討論了。

第二節　象數模型簡論

在「氣生萬物」的基礎上，古人感悟到「同氣相求」的道理。所謂「同氣相求」，用今天的話來說就是同一類的「東西」互相感應。《易傳》說：「同聲相應，同氣相求。水流濕，火就燥，雲從龍，風從虎，聖人作而萬物睹；本乎天者親上，本乎地者親下，則各從其類也。」〔註22〕又說：「二氣感應以相與。天地感而萬物化生，聖人感人心而天下和平，觀其所感，而天地萬物之情可見矣。」〔註23〕

同類的事情相互感召，這就是象數模型的構建原理，也是占筮的依據。古人說「天垂象，見吉凶，聖人象之。」〔註24〕「聖人有以見天下之賾，而擬諸其形容，象其物宜，是故謂之象。」〔註25〕「是故變化云為，吉事有祥。象事知器，占事知來。」〔註26〕「是故君子居則觀其象而玩其辭，動則觀其變而玩其占。」〔註27〕這些表述中多處提到「象」，古人認為事物表現的現象相似或相同，其原因就是它們有共同的「氣」，將相同、相似表象的事物歸類並與數字相配形成一套體系，總結成一套學問，這便是象數易學，其基礎就是象數模型。

所謂象數模型就是指將天地萬物依照數字、陰陽、五行、八卦、干支、

〔註21〕〔清〕孫希旦撰：《禮記集解》，北京：中華書局，1989年2月第一版，第六〇八頁。

〔註22〕陳鼓應、趙建偉注譯：《周易今注今譯》，北京：商務印書館，2005年11月第一版，第13頁。

〔註23〕同上，第288頁。

〔註24〕同上，第627頁。

〔註25〕同上，第607頁。

〔註26〕同上，第694頁。

〔註27〕同上，第586頁。

神煞諸要素分類納入一個共同的時空模型之中，用以模擬天地萬物和人事的運行，這樣的實物便是式盤，刻畫在簡帛上便是式圖。

象數模型的構建經歷了一個漫長的過程。龐樸先生認爲陰陽、五行、八卦各有起源，到戰國時期才逐漸合流。〔註 28〕如果按照時間順序梳理傳世文獻與出土文物，我們就可以看到這個模型的建構過程包含發生、發展和成熟的不同階段。

早期的時空模型，如 6500 年前的西水坡 M45 墓葬形制（如圖 8-1）、4500 年前的安徽含山凌家灘龜板（如圖 8-2），學者多有討論。〔註 29〕筆者認爲，其中可以看到陰陽、五行、八卦要素的萌芽。

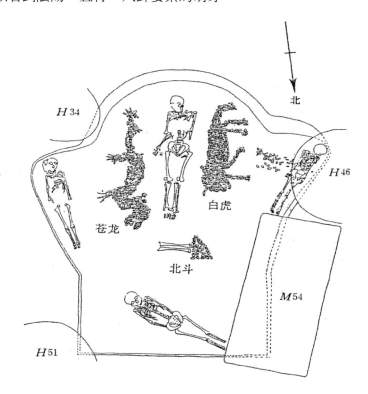

圖 8-1 （採自《河南濮陽西水坡遺址發掘簡報》，《文物》1988 年第 3 期）

〔註28〕 龐樸著：《龐樸學術思想文選·陰陽五行探源》，上海：上海古籍出版社，2013年 10 月第一版，第 114～138 頁。

〔註29〕 李零著：《中國方術正考》，北京：中華書局，2006 年 5 月第一版，第 45～46頁，第 87 頁。
馮時著：《中國天文考古學》，北京：中國社會科學出版社，第 374～384 頁，第 503～523 頁。

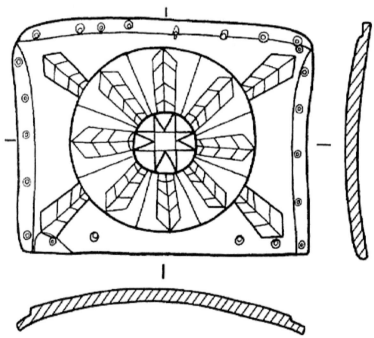

圖 8-2 （採自《安徽含山凌家灘新石器時代墓地發掘簡報》，
《文物》1989 年第 4 期）

新近出土的陝西韓城梁代村 M27 西周時期獸面紋芮伯銅尊，已經有了五
行與時空相配的思想。其尊蓋作天空穹窿狀，具體形制如圖 8-3 所示。

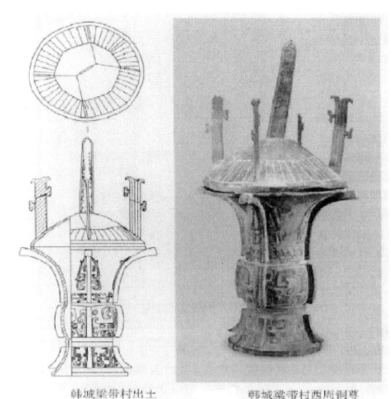

韓城梁帶村出土　　　　韓城梁帶村西周銅尊

圖 8-3　（採自《祖槷考》，《考古》2014 年第 8 期）

　　據馮時先生介紹：尊蓋已分為四正四維、八方九宮，對維的相同位置分別銘刻一「己」字，傳統以十干配五位，又據晚殷所見之先周龜甲的這種配伍形式，馮時先生認為古人以十干配五方九宮的制度至遲殷周已經建立。〔註 30〕

　　具體說，甲乙木配東方，丙丁火配南方，庚辛金配西方，壬癸水配北方，戊己土配中央並出入四維。這樣的思想至少在西周時期便已經形成了。

　　五行最初指五個方位（東南西北中），最後演變為萬物的五種分類。傳世文獻最早記載五行象數模型的當屬《洪範・五行》，它說：「一，五行：一曰水，二曰火，三曰木，四曰金，五曰土。水曰潤下，火曰炎上，木曰曲直，金曰從革，土曰稼穡。潤下作鹹，炎上作苦，曲直作酸，從革作辛，稼穡作甘。」〔註 31〕很明顯，在這一段描述中，數字並不單純是數字，數字背後還

〔註 30〕　馮時：《祖槷考》，《考古》2014 年第 8 期。
〔註 31〕　〔清〕孫星衍撰：《尚書古今文注疏》，北京：中華書局，1986 年 12 月第一版，第 296～297 頁。

蘊含著豐富的意義，代表了一定的事物、特性、味道等等。這便是最早的五行象數模型。

不過，我們要深究爲什麼一配水，二配火，三配木，四配金，五配土？有人認爲這個五行配數是沒有意義的〔註32〕，筆者認爲這個結論需要重新討論。在第二章、第三章我們討論過：至少在7500年前，古人就學會了立表測影，認識了東西和南北，並且他們一直是把北極當作最尊貴的方位，因爲那是上帝居住的地方，也是萬物起源的地方。古時天子冬至祭天都是面對北極，天子治理國家坐姿是面南，大臣朝拜天子是面北，筆者在《「天南地北」眞義考》〔註33〕中討論過這個問題。這是其一。

其二，數術學的傳統是水配北方，火配南方，木配東方，金配西方，這種思想有非常古老的淵源，而且從來只有這一種配法，沒有之二。

那麼《洪範·五行》一配水，實際上是指一配北方，其中暗含的邏輯是怎樣的呢？先民最早認識的數字就是一，一爲萬數之始；北方爲最尊貴的方位，因爲北方是萬物的發源之處，因此一配北方是理所當然的事情。我們說，思想的產生比數字和文字要早得多，所以「一曰水」是很早就有的思想，因此以一配水並非毫無意義的事情。

又因爲認識了北的同時就認識了南，認識了東的同時就認識了西，所以「二曰火，三曰木，四曰金，五曰土」就是順理成章的事情了。

更爲複雜的五行象數模型在《管子·幼官》〔註34〕《禮記·月令》〔註35〕

〔註32〕劉起釪：《洪範成書時代考》，《中國社會科學》1980年第3期。

〔註33〕詳見附錄4。

〔註34〕〔清〕黎翔鳳撰：《管子校注·幼官》，北京：中華書局，2004年6月第一版，第一三四～一八一頁。原文如下：

五和時節，君服黃色，味甘味，聽宮聲，治和氣，用五數，飲於黃后之井，以倮獸之火爨。藏溫儒，行歐養，坦氣修通。凡物開靜，形生理。……

八舉時節，君服青色，味酸味，聽角聲，治燥氣，用八數，飲於青后之井，以羽獸之火爨。藏不忍，行歐養，坦氣修通。凡物開靜，形生理。……

七舉時節，君服赤色，味苦味，聽羽聲，治陽氣，用七數，飲於赤后之井，以毛獸之火爨。藏薄純，行篤厚，坦氣修通。凡物開靜，形生理。……

九和時節，君服白色，味辛味，聽商聲，治濕氣，用九數，飲於白后之井，以介蟲之火爨。藏恭敬，行搏銳，坦氣修通。凡物開靜，形生理。……

六行時節，君服黑色，味鹹味，聽徵聲，治陰氣，用六數，飲於黑后之井，以鱗獸之火爨。藏慈厚，行薄純，坦氣修通。凡物開靜，形生理。

〔註35〕〔清〕孫希旦撰：《禮記集解》，北京：中華書局，1989年2月第一版，第三九九～五〇五頁。原文如下：

中可以清楚看到。這種歸類思想暗含著這樣一種邏輯，比如說：北方冷，冬天冷、水冷，如同半夜又黑又冷；南方熱，夏天熱，火熱，如同中午一樣火熱；所以北方配冬季、配水、配夜半、配黑色，南方配夏季、配火、配中午、配紅色。春天草木生長，顏色青青，如同日出東方欣欣向榮，所以春天配東方、配木、配青色；秋天草木凋零，莊稼收割，猶如日落西山，既是收穫季節也要為新一輪的生長做準備，猶如金氣之變革，所以西方配秋天、配金、配白色。

我們將《洪範・五行》《管子・幼官》《禮記・月令》中的核心元素提取出來整理成表格（詳見表 8-1），就可以更直觀地看到五行象數模型的演變。

表 8-1 《五行》《幼官》《月令》核心要素對應表

		一	二	三	四	五	備註
《洪範・五行》	數字	一	二	三	四	五	
	五行	水	火	木	金	土	
	特性	潤下	炎上	曲直	從革	稼穡	
	味道	鹹	苦	酸	辛	甘	
《管子・幼官》	數字	六	七	八	九	五	
	顏色	黑	赤	青	白	黃	
	聲音	徵	羽	角	商	宮	
	味道	鹹	苦	酸	辛	甘	

孟春之月，日在營室，昏參中，旦尾中。其日甲乙，其帝大皞，其神句芒，其蟲鱗，其音角，律中大蔟。其數八，其味酸，其臭羶，其祀戶，祭先脾。……

孟夏之月，日在畢，昏翼中，旦婺女中。其日丙丁，其帝炎帝，其神祝融，其蟲羽，其音徵，律中中呂。其數七，其味苦，其臭焦，其祀灶，祭先肺。……

中央土，其日戊己，其帝黃帝，其神后土，其蟲倮，其音宮，律中黃鍾之宮。其數五，其味甘，其臭香，其祀中霤，祭先心。天子居大廟大室，乘大路，駕黃馬，載黃旗，衣黃衣，服黃玉，食稷與牛，其器圜以閎。……

孟秋之月，日在翼，昏建星中，旦畢中。其日庚辛，其帝少皞，其神蓐收，其蟲毛，其音商，律中夷則。其數九，其味辛，其臭腥，其祀門，祭先肝。……

孟冬之月，日在尾，昏危中，旦七星中。其日壬癸，其帝顓頊，其神玄冥，其蟲介，其音羽，律中應鍾。其數六，其味鹹，其臭朽，其祀行，祭先腎。……

	五氣	陰氣	陽氣	燥氣	濕氣	和氣
	動物	介	羽	鱗	毛	倮
《禮記·月令》	數字	六	七	八	九	五
	五行	水	火	木	金	土
	天干	壬癸	丙丁	甲乙	庚辛	戊巳
	聲音	羽	徵	角	商	宮
	味道	鹹	苦	酸	辛	甘
	嗅覺	朽	焦	膻	腥	香
	五臟	腎	肺	脾	肝	心
	時節	孟冬	孟夏	孟春	孟秋	
	日在	尾宿	畢宿	營室	翼宿	
	帝	顓頊	炎帝	大皞	少皞	黃帝
	神	玄冥	祝融	句芒	蓐收	后土
	動物	介	羽	鱗	毛	倮

三者相比較，我們可以看到除了內容不斷增加、豐富之外，主要有兩點不同。

第一是配數不同，《洪範·五行》是一水、二火、三木、四金、五土，《管子·幼官》和《禮記·月令》是六水、七火、八木、九金、五土。其實它們沒有本質的不同，因爲象數模型以一二三四五爲生數，以六七八九十爲成數，即一六水、二七火、三八木、四九金、五十土。〔註36〕在《放馬灘秦簡》《太玄》《五行大義》還可以看到另外一種配數，應該是戰國晚期產生的一種東西，其歷史影響不大。我們在第五章第三節討論過這個問題，此處不贅述。

其次是所配聲音不同，《管子·幼官》北方水配徵，南方火配羽，《禮記·月令》正好相反。在新出的簡帛材料比如《放馬灘秦簡》和《孔家坡漢簡》中，以宮配中央土，徵配東方木，羽配南方火，商配西方金，角配北方水。〔註37〕

〔註36〕《禮記·正義》引鄭玄注：「天一生水於北，地二生火於南，天三生木於東，地四生金於西，天五生土於中。陽無偶，陰無配，未得相成。地六成水於北與天一併，天七成火於南與地二並，地八成木於東與天三並，天九成金於西與地四並，地十成土於中與天五並。」

〔註37〕程少軒：《放馬灘簡式占古佚書研究》，復旦大學博士學位論文2011年，第73～74頁。王強：《孔家坡漢墓簡牘校釋》，吉林大學碩士學位論文2014年，第161頁。

《鶡冠子・泰鴻》也見到這種配法〔註38〕，與《幼官》《月令》又不相同。這說明從戰國到西漢，五音配五方的方案尚未統一，古人有一個不斷摸索和實踐的過程。將五行、數字、方位相配繪製成圖 8-4 所示。

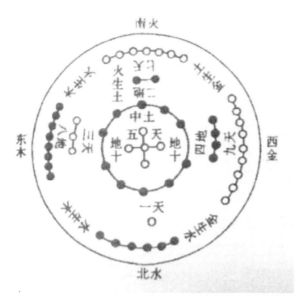

圖 8-4 （採自黃宗羲《易學象數論》，2007 年，第 7 頁）

圖 8-4 就是宋以來所謂的河圖，我們可以清楚看到五行象數模型。

此外，八卦也是象數模型的重要內容。《周易・繫辭》說：「古者包曦氏之王天下也，仰則觀象於天，俯則觀法於地，觀鳥獸之紋與地之宜，近取諸身，遠取諸物，於是始作八卦，以通神明之德，以類萬物之情。」這是講八卦是如何產生的，**其實質是將萬事萬物納入八卦系統，分成八類**。戰國清華簡《筮法》附有一個卦圖，見圖 8-5。

這是目前看到的最早的一幅八卦圖，其北方配離卦，南方配坎卦，與後世流傳的後天八卦圖正好顛倒。這種配法大概想表達「冬至一陽生，夏至一陰生」的思想吧。因爲離爲火，火爲陽，坎爲水，水爲陰。但是這種配法與坎爲陽卦、離爲陰卦的屬性不符合，也與火主南方主夏季主炎熱，水主北方主冬季主寒冷的傳統觀念不符，所以這種配法並沒有流傳下來。《易傳》說：

〔註38〕黃懷信撰：《鶡冠子校注》，北京：中華書局，2014 年 3 月第一版，第二二九～二三〇頁。

帝出乎震，齊乎巽，相見乎離，致役乎坤，説言乎兌，戰乎乾，
勞乎坎，成言乎艮。萬物出乎震，震，東方也。齊乎巽，巽，東南
也，齊也者，言萬物之潔齊也。離也者，明也，萬物皆相見，南方
之卦也，聖人南面而聽天下，嚮明而治，蓋取諸此也。坤也者，地
也，萬物皆致養焉，故曰致役乎坤。兌正秋也，萬物之所説也，故
曰説言乎兌。戰乎乾，乾，西北之卦也，言陰陽相薄也。坎者水也，
正北方之卦也，勞卦也，萬物之所歸也，故曰勞乎坎。艮，東北之
卦也，萬物之所成終而所成始也，故曰成言乎艮。〔註39〕

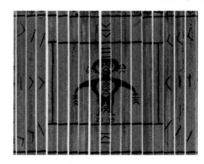

圖 8-5　八卦圖
（採自《清華大學藏戰國竹簡》肆，2013 年，第 216 頁）

將後天八卦與方位和數字相配，得到一個圖示如圖 8-6。

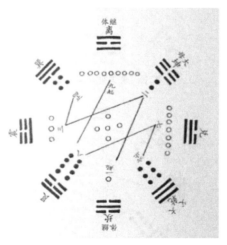

圖 8-6　（採自黃宗羲《易學象數論》2007 年，第 10 頁）

〔註39〕陳鼓應、趙建偉注譯：《周易今注今譯》，北京：商務印書館，2005 年 11 月第
一版，第 710 頁。

　　圖 8-4 和圖 8-6 中的黑白點便是傳說中的河圖、洛書。需要指出的是，後天八卦配數與五行配數並不相同，具體說：一六水、二七火、三八木、四九金、五十土，這是五行配數；而八卦配數是坎一、坤二、震三、巽四、中央五、乾六、兌七、艮八、離九，這是源於九宮數圖與九宮八卦圖的合併，如圖 8-7 與圖 8-8。

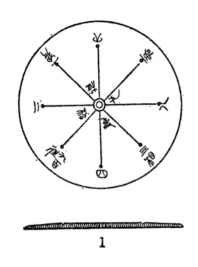

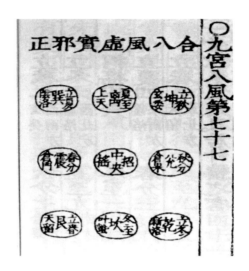

圖 8-7　西漢汝陰侯夏侯灶墓　　　　圖 8-8　《黃帝內經·靈樞》
　　　　出土式盤　　　　　　　　　　　　九宮八卦圖

　　需要說明的是：雖然古人將空間分為八方九宮由來已久，至少 7000 年前的安徽蚌埠雙墩新石器時代陶文（如圖 8-9）可以說明這一點，但是將九宮配上九個數字形成所謂的九宮三階幻方圖，並由此形成太一行九宮的說法這是戰國至西漢年間才有的東西。這個問題筆者將另外撰文來詳細討論。

　　八卦除了與數字相配，還與萬物相配，比如「乾，健也。坤，順也。震，動也。巽，入也。坎，陷也。離，麗也。艮，止也。兌，說也。乾爲馬，坤爲牛，震爲龍，巽爲雞，坎爲豕，離爲雉，艮爲狗，兌爲羊……」〔註 40〕意

〔註 40〕陳鼓應、趙建偉注譯：《周易今注今譯》，北京：商務印書館，2005 年 11 月第一版，第 719～726 頁。《說卦傳》：「乾，健也；坤，順也；震，動也；巽，入也；坎，陷也；離，麗也；艮，止也；兌，說也。乾爲馬，坤爲牛，震爲龍，巽爲雞，坎爲豕，離爲雉，艮爲狗，兌爲羊。乾爲首，坤爲腹，震爲足，巽爲股，坎爲耳，離爲目，艮爲手，兌爲口。乾，天也，故稱乎父；坤，地也，故稱乎母；震一索而得男，故謂之長男；巽一索而得女，故謂之長女；坎再索而得男，故謂之中男；離再索而得女，故謂之中女；艮三索而得男，

思是說，萬物中具有剛健特性事物就歸入乾類，具有柔順特性的就歸入坤類，餘仿此，那麼馬屬乾，牛屬坤，等等。

2

圖 8-9　蚌埠雙墩遺址出土陶符
（採自《中國古代物質文化史·天文曆法》第○四八～○四九頁）

　　從出土的西漢式盤上還看不到八卦因素，但是《龜策列傳》說：「衛平乃援式而起，仰天而視月之光，觀斗所指，定日處鄉。規矩爲輔，副以權衡。四維已定，八卦相望。」這裡顯然存在八卦要素。在東漢式盤（朝鮮樂浪遺址王旴墓出土六壬漆木式盤）已經可以清楚看到八卦分列四方四維了，如圖 8-10。

　　同理，大六壬的天將和月將系統也是一種分類法。比如天將中騰蛇主驚恐，朱雀主文書，六合主慶賀⋯⋯意思是說：騰蛇表示驚恐一類的事，朱雀表示文書一類的事，六合表示慶賀一類的事，等等。月將中神后主婦女，大

　　故謂之少男：兌三索而得女，故謂之少女。乾爲天，爲圓，爲君，爲父，爲玉，爲金，爲寒，爲冰，爲大赤，爲良馬，爲老馬，爲瘠馬，爲駁馬，爲木果。坤爲地，爲母，爲布，爲釜，爲吝嗇，爲均，爲子母牛，爲大輿，爲文，爲眾，爲柄，其於地也爲黑。震爲雷，爲龍，爲玄黃，爲旉，爲大塗，爲長子，爲決躁，爲蒼筤竹，爲萑葦，其於馬也爲善鳴，爲馵足，爲作足，爲的顙，其於稼也爲反生，其究爲健，爲蕃鮮。巽爲木，爲風，爲長女，爲繩直，爲工，爲白，爲長，爲高，爲進退，爲不果，爲臭，其於人也爲寡髮，爲廣顙，爲多白眼，爲近利市三倍，其究爲躁卦。坎爲水，爲溝瀆，爲隱伏，爲矯輮，爲弓輪，其於人也爲加憂，爲心病，爲耳痛，爲血卦，爲赤，其於馬也爲美脊，爲亟心，爲下首，爲薄蹄，爲曳，其於輿也爲多眚，爲通，爲月，爲盜，其於木也爲堅多心。離爲火，爲日，爲電，爲中女，爲甲冑，爲戈兵，其於人也爲大腹，爲乾卦，爲鱉，爲蟹，爲蠃，爲蚌，爲龜，其於木也爲科上槁。艮爲山，爲徑路，爲小石，爲門闕，爲果蓏，爲閽寺，爲指，爲狗，爲鼠，爲黔喙之屬，其於木也爲堅多節。兌爲澤，爲少女，爲巫，爲口舌，爲毀折，爲附決，其於地也爲剛鹵，爲妾，爲羊。」

吉主田農，功曹主遷邦……意思是說，神后（子）表示與成年女性或女主人有關的事，大吉（丑）表示與土地和農民有關的事，功曹（寅）表示與遷移封國有關的事，等等。〔註41〕

其實陰陽、五行、八卦、干支以及神煞的產生都是古人在長期的生產實踐中觀察大自然而不斷總結提煉出來的知識體系，它們實際上是不同的分類方法。需要說明的是，這些不同的分類法雖然各有起源，但是到戰國秦漢時代便互相滲透，融為一體了，萬物中有數字、陰陽，有五行也有八卦，也分主於不同的神煞。連分類法本身也是互相貫通的，比如天干甲的五行屬木，屬陽，方位為東，八卦屬震，自然數為一，天地數為三和八，六壬月將屬功曹；又比如乾卦的五行屬金，屬陽，先天數為一，後天數為六，等等。這些分類法在六壬式盤上的表現有限，大量知識靠文獻和師門傳承。

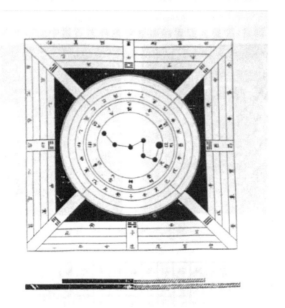

圖 8-10　東漢式盤（採自《中國方術正考》，第 69～76 頁）

在東漢時代，象數模型便基本成熟（後世還有所發展），萬事萬物都可以納入陰陽、五行、八卦體系，這便是中國獨特的象數易學。那麼，古人在漫長的生產實踐中觀察自然萬物、觀察自身，體悟出「氣生萬物」和「同氣相求」的道理，並以此為基礎形成的這一套象數知識體系，能否經得起時間的檢驗呢？

〔註41〕〔隋〕蕭吉著，劉鴻玉、劉炳琳譯解：《五行大義白話全解》，北京：氣象出版
社，2015 年 1 月第一版，第 319～330 頁。

第三節　元素週期律、生物全息律、隱秩序與分形

　　先來看看微觀世界的情況。近 200 年來科學技術突飛猛進，今天我們已經知道，這個世界由物質、能量和信息構成。而物質和能量其實是同一個「東西」，當能量聚合時就變成物質，當物質爆發（或衰變）時就釋放能量。信息是物質或能量承載的東西，簡單的物質有簡單的信息，複雜的物質有複雜的信息。物質又由分子、原子構成，簡單的分子構成簡單的物質，複雜的分子構成複雜的物質。

　　古人說萬物生於「氣」，這個「氣」不正是分子和原子以及它們蘊藏的能量和攜帶的信息麼？古人沒有我們今天的觀測和實驗條件，但是這並不能影響他們對大自然進行觀察和體悟。

　　今天我們已經知道，不同的原子有不同的特性，科學家發現這些特性呈現週期性的變化。早在 1869 年，俄國化學家門捷列夫將當時已知的 63 種元素依相對原子質量大小排列，把有相似化學性質的元素放在同一列，編製出第一張元素週期表。利用週期表，門捷列夫成功地預測當時尚未發現的元素的特性（鎵、鈧、鍺）。後來的科學家不斷預測、發現新元素，至 2004 年編製成含有 103 種元素的週期表，如圖 8-11。

圖 8-11　（採自張小林 等主編：《大學化學教程》2006 年，插頁）

　　觀察元素週期表，我們可以看到電子層數相同的元素位於同一行，最外層電子數相同的元素位於同一列；同一行元素，從左到右其最外層電子數依次遞增，失去電子的能力逐漸減弱，獲得電子的能力逐漸增強，這意味著金屬性逐漸減弱，非金屬性逐漸增強。同一列元素，由上而下核外電子層數逐漸增多，原子序數遞增，這意味著其金屬性遞增，非金屬性遞減。這就是元素週期表揭示的大自然的秘密。把這個秘密概括成一句話就是：**相同的結構具有相同的功能，相似的結構具有相似的特性**，用古人的話來說不正是「同氣相求」麼？

　　今天我們知道，分子分爲無機分子和有機分子，有生命的植物、動物、微生物的結構基礎正是有機分子，而無機分子只能構成無機世界。這不也是「同氣相求」麼？構成無機世界的無機分子是普通的「氣」，構成有機世界的有機分子是「精氣」或「血氣」。我們的祖先在 2000 多年前就具備那樣的思辨能力，令人讚歎不已。

　　此外，比原子更小的是基本粒子，物理學家發現基本粒子世界中普遍存在「量子糾纏」現象。簡單地說，兩個（或兩個以上）粒子經過短暫時間彼此耦合之後再分開，不管它們的距離多麼遙遠，只要對其中一個粒子單獨進行擾動，另一個粒子的狀態瞬間作出相應改變，這兩個粒子的狀態彼此關聯，超越了時間和空間的距離，這種現象被稱爲量子糾纏。〔註 42〕這不也是「同氣相求」麼？

　　中觀世界和宏觀世界是否也存在「同氣相求」現象呢？以我們的身體爲例。眾所周知，足部反射區可以反映出人的健康狀況（如圖 8-12）。

　　有經驗的足療技師對顧客的足底反射區進行按壓、推揉，可以準確地判斷人體某些臟器的亞健康或非健康狀況，對相應的反射區進行適當刺激，經過一段時間的理療後可以調整人體陰陽平衡，促進健康和調治疾病。此外，我們的耳朵、瞳孔、舌頭、面部、手掌等部位也帶有全身的信息，有經驗的中醫師通過望聞問切就可以爲我們診病。現代生物學早已揭示其中的奧秘，那就是我們的身體由 DNA 的複製而來，DNA 包含著從父輩那裡繼承來的遺傳信息，而身體中的每一個細胞都含有相同的 DNA。

〔註42〕 〔美〕布萊恩・克萊格著，劉先珍譯：《量子糾纏》，重慶：重慶出版社，2011
　　　　年 6 月第一版。

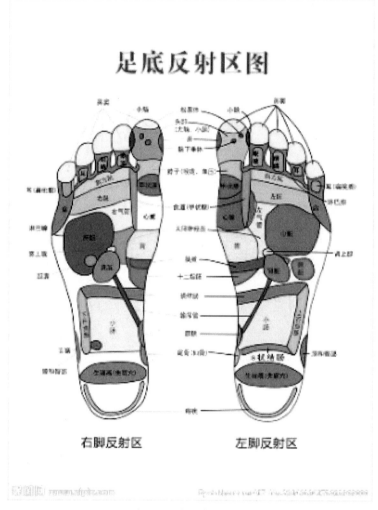

圖 8-12（採自網絡）

　　不僅如此，19 世紀的海克爾提出生物重演率，即生物個體在胚胎期的發育過程是整個物種演化過程的縮影。比如：人類的形成經過了漫長的時間，從無機物漸漸演化為具有生命活力的蛋白質，然後出現原始單細胞生物，再經過原生動物、腔腸動物、兩側對稱動物、後口動物、棘皮動物、原始脊索動物、原始有頭類、有顎類、魚類、兩棲類、爬行類、哺乳類等諸多階段，最後才進化成人。然而，在人類的十月懷胎期間就迅速地將這個近 40 億年才完成的過程重新走過一遍！

　　這些現象說明，局部含有整體的信息，不同的局部又含有彼此相關的信息，這是生物界普遍存在的現象，這是一種生物全息論的觀點。那麼物質世

界又如何呢？

上世紀 50 年代倫敦大學的物理學家波姆（David Joseph Bohm）教授提出量子現象的「隱參量理論」，後來發展成為「隱秩序理論」。該理論中最基礎的概念叫做完整運動（Holomovement），它包羅一切並產生和關聯一切；物質世界的整體性是絕對的，可分性是相對的，思維和物質也構成不可分割的整體；人、兔子和太陽等日常事物均屬於顯秩序，而在隱秩序中，每一個事物都與別的任何事物密切關聯。

與此類似的還有分形理論，1973 年由美籍數學家本華‧曼德博（Benoit B. Mandelbrot）首先提出。所謂分形，是自然界廣泛存在的自相似現象，即局部與整體相似。比如大多數樹葉的脈絡就如同生養它的那棵樹，雪片的局部就像這片雪花，礦物的晶體之部分就像全體，等等。如組圖 8-13。

分形理論的最基本特點是用分數維度的視角和數學方法描述和研究客觀事物，也就是用分形分維的數學工具來描述研究客觀事物。它跳出了一維的線、二維的面、三維的立體乃至四維時空的傳統藩籬，更加趨近複雜系統的真實屬性與狀態的描述，更加符合客觀事物的多樣性與複雜性。世界是非線性的，分形無處不在。分形學不僅讓人們感悟到科學與藝術的融合，數學與藝術審美的統一，而且還有其深刻的科學方法論意義。事實上，具有自相似性的形態廣泛存在於自然界中，如：連綿的山川、飄浮的雲朵、岩石的斷裂口、粒子的布朗運動、樹冠、花菜、大腦皮層……

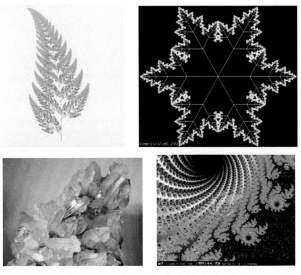

組圖 8-13 分形圖（均採自網絡）

　　筆者想強調的是，不同的事物之間也存在著相似，比如樹根、閃電、山脈、川流的形狀都極爲相似，核桃的外形與人腦極爲相似，星系與漩渦的形狀極爲相似，等等（如組圖 8-14）。此外，原子、太陽系、銀河系的結構極爲相似，它們都有一個聚集了巨大能量的核心，周圍有「眾星」環繞；奇特的是，有組織的社會動物同樣具有這樣一個具有凝聚力的核心，周圍有「官僚體系」和「民眾」環繞。

　　本文認爲，這些現象只能用隱秩序原理來解釋。《道德經》說：「道生一，一生二，二生三，三生萬物。」萬物如此衍生出來，每一個事物都包含有衍生過程中每一道環節的因素，所以不同的事物才會表現出共同的、或相似的特性。對於象數模型來說，由於它由三大要素（陰陽、五行、八卦）綜合而成，所以萬物既可以用陰陽歸類，也可能用五行歸類，還可以用八卦歸類，這便是構建象數模型的基本原理。

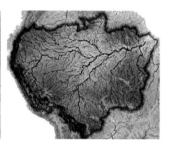

組圖 8-14　樹根、閃電、山脈、川流相似圖（本組圖例均採自網絡）

　　不過，前面我們已經談到，象數模型的構建經歷了一個漫長的、摸索的過程。比如在戰國至西漢年間五音與五行的配屬關係有好幾種，最後以《禮記·月令》的方案爲準而流傳到後世，但是象數模型中有沒有牽強附會之處？這需要深入研究之後才可以下結論。筆者暫時沒有時間和精力條分縷析、面面俱到，容日後時間寬裕再做進一步研究。

　　以上，我們用符合現代科學的觀點、方法、理論證明了象數模型構建原理的合理性與普適性。但筆者想要強調的是：中國古人建立起來的象數模型包含了生物全息、週期性、分形和隱秩序思想，但是後人的學說並不能完全解釋象數模型。比如《說卦》講到：「兌，說也」，「兌爲口」，「兌爲澤，爲少女，爲巫，爲口舌，爲毀折，爲附決，其於地也爲剛鹵，爲妾，爲羊。」

　　一個「兌」卦，包含這麼多含義，可以代表人（少女、巫、妾）、物（澤、剛鹵）、器官（口）、動物（羊），還可以代表事情（口舌、說話、毀折、附決）。

不同的事物（人物、動物、對象）之間存在隱秩序關係或者相似性是可以理解的，但是事物與事件也可以類比嗎？恕筆者孤陋寡聞，讀書未廣，至今沒有見到有人討論過這個問題。接下來，筆者不揣冒昧談談個人見解。

第四節　事物與事件皆振動

在我們的觀念中，事物和事件是完全不同的兩類「東西」。舉個例子說，桌子、板凳、書本、樓房、飛機、汽車，我們將其稱之為事物；洋務運動、戊戌變法、五四運動、開國大典，我們將其稱之為事件。美國邏輯學家、哲學教授麥克倫尼認為：「事物即存在的實體，如動物、蔬菜、礦藏等。例如，白宮就可以看做事物的代表，而林肯被刺則可以看作事件的代表。事物是比事件更基礎的存在形式，因為事件是由事物組成的，或者是由事物的表現形式組成的。」〔註43〕他的觀點符合我們一般的認識。

然而本研究認為，事物和事件是同一個「東西」的不同表現，這個「東西」就是振動。所以事物和事件也可以共振。

先舉例來說明事物與事件是同一個「東西」：

擦燃一根火柴，看到它燃燒起來，我們會說這理所當然是一個事件；某棟樓房發生火災，看到那個熊熊大火，我們毫不猶豫說這是一個事件。假如有一場大火，燒了整整三個月，我們認為這當然還是一個事件。如果燒了三年呢？三十年呢？假如有一場大火，從爺爺那一輩就在燃燒，一直燒到孫子輩都還沒有結束，大家還會認為這是一個事件嗎？現在讓我們抬頭看看天上耀眼的太陽，大家都非常肯定那是一個事物啊！然而，其實每個人都能夠理解太陽是持續燃燒了50億年，並且還在繼續燃燒的一個事件。

天上下雨，打開水龍頭流出水來，我們認為這些都是事件。再想想滾滾長江呢？那是喜馬拉雅山的冰雪融化形成涓涓細流，然後沿途彙集了眾多水系，並不斷流向大海的這麼一個持續不斷的事件。可是我們從來都沒有把長江當作一個事件！

我們對事物和事件的區別純碎是一種主觀感受，我們眼中的世界並不就是真正的世界。據說狗的眼睛無法分辨紅色和綠色，但是它的嗅覺卻比人靈

〔註43〕〔美〕麥克倫尼著，趙明燕譯：《簡單的邏輯學》，杭州：浙江人民出版社，2013年6月第一版，第4頁。

敏一萬倍，它感受到的世界與人類肯定不同。蝙蝠沒有眼睛，它「看」東西全靠耳朵，它腦子裏面的世界會是個什麼樣子呢？蝸牛、細菌，它們會怎麼感受這個世界？

我們都知道瞎子摸象的故事。幾個瞎子在為大象的形狀而爭吵，站在旁邊的明白人覺得很好笑。然而，我們這些明白人看待這個世界卻存在先天的「成見」。

現在讓我們嘗試著把事物和事件的界限打開。假如我們用刀在水面上劃了一個口子，這個口子瞬間消失了，讓我們嘗試著把這個口子當作一個事物！假如我們用刀在樹上劃了一道口子，這道口子直到這棵樹死亡都沒有消失，讓我們嘗試著把這個口子當作一個事件。

一張桌子，也許在我們的有生之年，一張桌子就是一張桌子，但是現在大家嘗試著把它看成一個事件。桌子裏面的分子、原子在持續不斷的振動著，假如我們的眼睛是超高倍的顯微鏡，我們根本看不到桌子，只看到分子在振動。

一株植物開花了，花朵通常被看做事物，現在讓我們嘗試著把它看做一個事件。當我們的身體縮小到跟植物的分子差不多大的時候，就會只看見若干細胞，有的在進行光合作用，有的把水分和礦物質從裏面的管道送走，有的把養料從外面的管道運來，說不定我們還能看到精細胞和卵細胞相遇而發生的一連串有趣的事情呢！這一切都顯得忙忙碌碌又有條不紊，此時誰會想到這個世界的外面其實只不過是一朵安靜開放的花朵呢？

我們自己的身體裏面何嘗不是如此？如果你有辦法跟一個紅細胞聊聊天的話，你告訴它，它生活的這個世界的外面是一個人、一個活生生的人，它大概根本不會相信。

我們許許多多的人聚在一起形成了不同的組織，又形成了不同的單位、不同的部門、不同的系統，最後形成了一個國家。國家便是一個活生生的巨型生物，國家的通訊部門猶如我們身體的神經系統；公檢法和軍警部門猶如我們的皮膚和免疫系統；農民生產了糧食，工人生產了各種商品，就猶如消化和吸收繫統；交通部門就如同血液循環系統；環保部門就如同泌尿系統，等等。我們的身體從37億年前的單細胞生物緩慢進化而來，地球上的國家從氏族、部落、聯盟緩慢進化而來，這兩者似乎是風馬牛不相及的兩個「東西」，卻具有高度的相似性，這種緩慢的進化過程難道不是被某種共同的規律所掌

控的嗎？這就是隱秩序。

想想看，我們每天做著自己的事業，直到某一天這個事業結成了一個「果子」。

想想看，我們每天都辛辛苦苦地工作，直到有一天我們被提拔當了領導。

在我們身外的那個巨型生物眼裏，這個被提拔的事件正是一個果子，這個果子不僅有大小有顏色，還有味道。所以，事物和事件是同一個「東西」的不同「側面」，它到底是什麼取決於我們看問題的角度。

這後面還有更深一層的道理：

樹枝上結了一個果子，這個結果形成至少半年前就有一道指令或一股能量送達了，這道指令完整地描繪了這個果子的藍圖。某個工地建起了一棟高樓，至少五年前就有人在論證該地的規劃了，然後拍賣土地，招投標，送審，批覆，再到破土動工；動工前這個樓房的設計方案（包括每個細節）就已經形成指令送達了。我們每個人都是社會大機器中的一個零件，每個人都在自己的崗位上工作，回到家還要扮演不同的角色，我們的每一個行動看起來都很有自主性，但誰曾想過這些行動不過是在完成早就下達的指令呢？而且指令是層層下達的，我們無法知道最初的指令從哪裡發出，或許就是那個「道生一」吧！地球上會有生命誕生，至少在太陽系形成之時就已經注定了。這些生命中會有人類產生，這在 37 億年前地球上出現藍藻之時就已經注定了。也許有人要問：照這樣推論下去，那一切都是必然，這個世界還存在偶然性嗎？這個問題我們留到下一章討論。**這裡想要強調的是：產生一個事物（或一個事件）的能量（或者說信息）在這個事物出現很早之前就已經存在了，包括那些看似偶然的事件。**

前面我們討論了事物和事件是同一個東西的不同呈現，我認為這個「東西」就是振動。

撥動琴弦便會聽到聲音，那是因為琴弦振動了。不同的聲音有音高和音色的區別，音高由振動的頻率決定，音色由琴弦和共鳴箱的材質決定。可惜我們的耳朵功能有限，普通人只能聽到 20～20000HZ 的聲音，而且只能聽到空氣中或水中或木頭或其他介質傳導過來的聲音。其實那些聽不到的聲音並非不存在，那些作週期運動的事物一直在振動著，一直在發出「聲音」。微觀世界的分子、原子，以及更小的粒子都在振動著。宏觀世界的恒星、行星都在做著週期運動，也在不停地振動著。

白天太陽升起或者夜晚打開燈光，我們就能夠看到各種顏色，那是不同頻率的電磁波刺激了我們的視神經引起。可惜我們的眼睛功能有限，普通人只能看到 400～760nm 的電磁波。那些看不到的電磁波並非不存在，我們生活的世界充滿著各種各樣的電磁波，它們一刻不停地振動著。

除了電磁波，還有引力波。引力波彌漫在宇宙深處，它無處不在，永不停息地振動著。

而每一種生物體，包括人類，我們身體的每一個細胞都在向外輻射生物電磁波。〔註44〕

前面已經論證，事物就是事件，它們都是振動。那麼，我們做的每一件事情，這個地球上發生的每一個事件，都在向外輻射某種波！只不過，簡單的事物、事件會發出簡單的波，複雜的事物、事件會發出複雜的波。在我們的周圍或許還有一些人們至今尚未認識的波呢！然而不管是什麼波，波即是振動，這個世界無處沒有波，無處沒有振動，**波的盡頭就是宇宙的盡頭。**

波的一個重要特點便是共振。「共振」本來是指某物理系統在特定頻率下相比其他頻率以更大的振幅做振動的情形，在聲學中亦稱「共鳴」。

古人說「同聲相應，同氣相求」，前者就是指共鳴，後者是指同類事物的共振。本文認為：**這個類不僅限於具體的類（同聲），而且指抽象的類（同氣）；越具體的同類事物的共振發生在越具體的時空之中，越抽象的同類事物的共振越超越具體的時空。**「水流濕，火就燥」，這是發生在具體時空中顯而易見的共振；「積善之家有餘慶，積不善之家有餘殃」，這是發生在抽象時空中的需要思索之後才能「看見」的共振。當善念轉化為持續不斷的積極的行動，積累到一定的程度，我們就會收穫一個善果；消極的或者邪惡的念頭充盈心間，如果得不到昇華和疏解，久而久之就一定會變成一個惡的結果。

回到本文研究的數術預測的機理問題。心靈世界的投影與客觀事件相契合的原因是：你對某件事情的念頭越專注，就越容易與那件事本身發生感應，也即共振（不管此事已經、正在或將要發生），你帶著這個專注的念頭所求的卦或占得的六壬課便與你的念頭發生了感應（共振），於是卦象（或六壬課）、你關心的事情和你的念頭三者一起感應（共振），這個過程是瞬間發生的，是超越時空的。於是，當我們按照程序把卦象或課象解讀出來就可以知道事情

〔註44〕姜堪政、袁心洲著：《生物電磁波揭秘》，北京：中國醫藥科技出版社，2011年1月第二版。

的來龍去脈。這便是數術學預測的機理，也即「同氣相求」原理在占卜實踐中的具體化。

　　本章寫到這裡本該結束，但是榮格先生對占卦機理的理解與本文根本不同，他提出「共時性非因果性原理」來解釋這種現象，在國內學術界產生一定影響。本文認爲榮格的解釋中含有一定合理性，但是在根源上是不恰當的。

第五節　共時性原理之概述及評價〔註45〕

　　「共時性」（英文 Synchronicity）也翻譯成「同時性」「同時共感」，是瑞士心理學家榮格在心理學研究中針對一些不能用「因果律」來解釋的一連串「有意義的巧合」而提出的概念。這些巧合聽起來很不可思議，比如：

　　例一、榮格發現自己的一位病人在神經症痊癒之時，卻出現心臟病的前兆，就把他推薦到一位專家那裡去檢查。病人出發去找專家的時候，他的妻子看到房子周圍有一群鳥便感覺非常恐懼，因爲她的母親和祖母過世時都有一些鳥兒聚在她家的窗外。果然，病人在返回的路上倒在大街上，被人送回家的時候就已經不行了。

　　例二、一個孩子的父親答應他，若順利考上大學就可以去西班牙旅行。孩子後來夢見去西班牙的一座城鎮，醒來後將夢中的所見所聞告訴榮格。後來他順利通過了考試，如願去西班牙旅行，果眞見到了與夢中一模一樣的情景。

　　例三、一位女患者來訪告訴榮格，前夜夢見有人送她一件非常貴重的珠寶──金甲蟲，此時榮格聽到背後有東西輕拍窗戶，轉頭一看正是一隻金龜子，那種黃綠的顏色與金甲蟲極爲相似。

　　例四、榮格認識的一個人曾經在夢中看到並經歷了一位朋友的突然死亡甚至還有死亡的細節。做夢者當時在歐洲，而朋友在美國，次日早上的電報證實了朋友的死亡，10 天後的一封信還證實了夢中的細節。死亡是在夢之前一個小時發生的。

　　例五、杜納在 1902 年春季做了一個夢，夢見自己站在一座火山上，看到

─────────

〔註45〕 本節內容主要參閱了〔瑞士〕榮格著，關群德譯：《榮格文集》第四卷《心理結構與心理動力學》第七部分《共時性：非因果性聯繫原則》，北京：國際文化出版社，2011 年 5 月第一版，第 287～362 頁。案：因篇幅所致，凡涉及此篇譯著的內容只能採用概述形式而無法引用原文，因此不一一加注。

火山爆發，大家狂奔、互相追趕，有 4000 人死亡。幾天後，杜納收到《每日電訊》，看到一條消息：馬提尼克島火山爆發，傷亡可能超過 40000 人。他做這個夢的時候，刊有這條消息的報紙已經被寄出了，快要得到這個消息的時候他才做的這個夢。

等等等等……榮格將這些碰巧的事情稱之為「非因果關係的有意義的巧合」，並以賴因及其同事的實驗來證明這些「有意義的巧合」的確是非因果關係的。實驗過程如下：

一共 25 張卡片，每 5 張有相同的圖案，分別是星星、菱形、圓形、波狀形、十字，獨立於主試的裝置保證卡片是隨機被洗的，主試和受試都不知道卡片的順序。第一次實驗，主試和受試之間隔著一個屏幕，受試要在主試接連翻開卡片的同時猜測卡片的圖形，每個受試可以猜 800 次，平均結果是 25 張卡片有 6.5 次猜中，超過隨機概率 1.5。而且這個結果隨受試的天賦變化。有一個年輕人在很多次實驗中都猜中 10 次，是隨機概率的兩倍，而且有一次 25 張卡片全部猜中。第二次實驗將主試和受試的距離增加到 250 英里，這時實驗的平均結果是 25 張卡片中有 10.1 張能夠被猜中。接下來的實驗，主試和受試在同一個房間，結果 25 張卡片有 11.4 張被猜中。當受試在隔壁房間時，25 張卡片有 9.7 張被猜中；隔兩個房間時，能夠猜中 12.0 張。

賴因還提到了舍爾（Usher）和布爾特（Burt）實驗，主試和受試的距離分別為 960 英里、4000 英里，其結果都是肯定性的。

賴因還有一個擲骰子實驗。受試借助一種工具擲骰子的時候，心裏希望盡可能多的出現某個數字，結果也是肯定性的。

實驗還提到，如果受試對實驗保持興趣的話，成功的機會就會增加；熱情、樂觀的預期、希望和堅信似乎是出現肯定結果的關鍵。

該如何理解這些實驗現象呢？榮格認為，時間和空間的距離對實驗結果沒有影響，因此他研究的東西不是力量或能量現象，也就是說不可能從因果關係的角度來解釋這類事情，因為要用因果關係來解釋的話，所有的觀察都要建立在運動的物體之上，因而就要假定時間和空間的存在。

於是榮格提出「共時性」概念來解釋這種「有意義的非因果關係的巧合」，用來與「因果關係」對等。榮格進一步認為，賴因的實驗表明與心理相關聯的「時間和空間」是有彈性的，它們明顯可以縮為幾乎要消失的點，時空的大小由意識心靈來設定；受試者的回答不是來自對卡片的觀察，而是來自純

粹的想像，來自「偶然」的觀念，這些想像和觀念揭示了產生它們的東西──
─無意識的結構，這就是「集體無意識的原型」。

榮格認為：集體無意識代表的是所有人都相同的心理現象；原型是負責
組織無意識心理過程的形式因素：它們是「行為的模式」，是無意識中的決定
因素。這種無意識想像的圖案（或場景）與發生的事件「同時」（或先後）出
現，並呈現巧合，這就是「共時性原理」。

如何證明這種原型的存在呢？榮格認為自己在《易經》的占卜術中找到
了證據，那便是六十四卦的卦象。每一卦都構成了一種情景，錢幣掉落下來
數次或蓍草被隨機地分配數次最後形成的卦象聯通了客觀世界與主觀世界，
這種方法將內心世界表示為外在世界或將外在世界表示為內心世界。對卦的
解釋構成了與當時的意識狀態相一致的無意識知識，與外在世界發生的事件
呈現一致性，這就是「共時性原理」。

榮格對《易經》的這種理解究竟是否符合原義？國內許多學者給予了正
面肯定的評價。但是也有評論說：

「榮格的真實目的，其實是要借助《易經》的象徵模式去暗示整體空間
中意識和無意識的具體交流情形。」〔註46〕

「榮格對於『因果律』的反思和批判，棄本土思想資源不用，而是直接
轉向作為『他山之石』的《周易》，但事實上榮格對有關《周易》的知識並沒
有體現出多大的熱情。……榮格專注的核心不在《周易》，不在於獲取有關《周
易》的可靠知識，也不在於搞清楚《周易》與中國文化和精神的關聯，而在
於《周易》為他自己的思想體系提供多少證明，提供了什麼樣的案例，這些
案例能夠如何解釋和解決分析心理學的問題。」〔註47〕

以上觀點指出了榮格以《易經》解釋「共時性原理」的局限性。然而筆
者更進一步認為：榮格將「共時性原理」納入「非因果性關聯」範疇並不恰
當。只是筆者至今尚未見到任何一篇文章談論這個問題。

有學者已經接近了問題的實質，指出《周易》占卜的原理是「同氣相求」，
然而卻在最關鍵的一步屈就了榮格的「共時性非因果性原理」。她說「『同聲

〔註46〕 范勁：《中國符號與榮格的整體性心理學──以榮格的兩個「中國」文本為
例》，江漢論壇 2013 年第 5 期。

〔註47〕 趙娟：《論〈周易〉的時間觀念──一個文化史的視角》，復旦大學博士論文
2012 年，第 136 頁。

相應，同氣相求，水流濕，火就燥，雲從龍，風從虎，聖人作而萬物睹。本乎天者親上，本乎地者親下，則各從其類也。』《易傳》的這段話很重要，它指出氣類相同的事物會產生相動相求的運動。**這顯然不是因果關係，而是另外的一種相應相通的作用。**」〔註48〕

「同氣相求」怎麼就不是因果關係呢？我們想一想何為「同氣相求」？不正是因為「同氣」，所以「相求」嗎？這不是顯而易見的因果關係麼？本章已經花了大量的篇幅來闡述「同氣相求」的原理：在微觀世界，相同結構的元素會有相同的功能，相似結構的元素會有相似的特性，因此才顯示出元素週期律，這是「同氣相求」；在中觀世界、宏觀世界，包括生物世界，存在大量的相似現象，這些現象要麼是服從生物全息原理，要麼是受制於隱秩序與分形原理，這些都是「同氣相求」；在我們這個世界，還存在超越時空、超越維度的共振現象，這些都是「同氣相求」，都是因果關係。

應當肯定，榮格先生提出「共時性原理」來解釋「有意義的巧合」，是很有創見性的思考。然而，「共時性原理」本身是服從因果律的。他提到的那些不可思議的「有意義的巧合」以及賴因的實驗，完全可以用「心靈感應」來解釋，而「心靈感應」正是服從「同氣相求原理」的。賴因的實驗表明時間和空間的距離對實驗結果沒有影響，榮格據此認為他研究的東西不是力量或能量現象，不可能從因果關係的角度來解釋這類事情。殊不知，榮格理解上的偏差正是此處。前面討論過，腦電波是一種超長波，具有繞射能力強，傳播損耗小，傳播距離遠等特點。「心靈感應」現象正是以腦電波為物質基礎的（詳見上一章第四節、第五節，以及本章第四節、第五節）。

應當肯定，榮格先生用「集體無意識的原型」來解釋潛意識世界與客觀世界的相融相通，這個見解非常獨到！本研究在上一章提到語言和占卜的「山頭主義」現象（事實上，在人的精神世界裏普遍存在著「山頭主義」現象）正好可以用「集體無意識」來解釋。與榮格的觀點稍有不同的是，筆者認為這裡的集體有大集體、中集體和小集體的區別，比如說在同一個國家有通行的語言規範，但是在不同的省份卻有各自的方言，即使是同一個縣市的不同的區域，其語言特點還多少有些不同；「集體無意識」現象廣泛存在於我們的生活中，有一部分靠遺傳獲得，比如說害怕黑暗，怕蛇和蜘蛛，恐高，這些是所有人共同的心理特徵，這是「最大的集體無意識」；還有一些靠有生以來

〔註48〕彭賢：《榮格與〈易經〉》，《周易研究》2003 年第 2 期。

的文化薰染獲得，比如說習俗、語言，這些是相對小範圍的「集體無意識」，服從「山頭主義」特點。而越是具有普遍意義的「集體無意識」越是隱藏在人們心靈的深處。

需要指出的是——榮格認爲賴因的實驗表明與心理相關聯的「時間和空間」是有彈性的，它們明顯可以縮爲幾乎要消失的點，時空的大小由意識心靈來設定——筆者認爲，這正是共振現象的特徵，越具體的同類事物的共振發生在越具體的時空之中，越抽象的同類事物的共振越超越具體的時空。賴因實驗所反映的正是那些超越時空的「心靈感應」現象。

需要指出的是——榮格提到的賴因實驗顯示，如果受試對實驗保持興趣、熱情、樂觀、希望和堅信的話，成功的機會就會增加——筆者認爲，這正是心靈感應的特點，占卜的人越是虔誠、專注，其信息感應越強，卦象或課體越清晰，越逼近眞實事件。

需要指出的是——錢幣掉落下來數次或蓍草被隨機地分配數次最後形成的卦象，榮格認爲這是無意識的偶然事件與客觀世界形成了巧合——筆者認爲，這不是巧合，而是共振，只有我們不以主觀意志去干擾卦象呈現的過程，這個共振才有效；六壬課的形成也一樣，看似巧合、偶然，其實是念頭與客觀事件發生了共振。六壬課強調以「正時」起課，如果自己占，心念一動，天機即在其中，就以發念之時爲正時；他人占事，一般以遇見占師的時間爲正時，因爲兩個人能夠相遇自然含有天機在其中；或者由當事人口報一個時辰爲正時，要求不假思索，脫口而出，此時天機活波，靈驗準確，如果稍加遲疑，則天機爲思慮物欲遮蔽，靈驗度就打了折扣。〔註49〕這裡提到的偶然、巧合、靈機一動，正是下一章我們想要繼續討論的「自由意志」、「偶然性與必然性」的問題。

綜上，本文認爲榮格提出的「共時性原理」只不過是他套用了中國的老祖宗說的「同氣相求」原理，是榮格用自己的理解來描述「同氣相求」，而不是在解釋爲什麼「同氣相求」。然而他的理解是有偏差的。事件甲在發生前、發生時或發生後，雖然我們並不知道這件事，但是我們通過感應捕捉到了另一個事件乙，甲和乙之間並不是什麼巧合的關係，而是共振的關係，雖然乙不是甲發生的原因，但是甲卻是乙發生的原因之一（另一個原因是我們的念頭）。

〔註49〕 李峰注解：清康熙內府精抄本《御定六壬直指》，海口：海南出版社，2002年2月第一版，第3～5頁。

補充說明：

榮格針對「無因果關係的有意義的巧合」所舉的那些例子，細究之下應該分成兩類：一類是由於心靈感應而發生的事件，另一類是由於當事人的關注而從日常生活中眾多的事情中篩選出來的事件。

具體的說，例二、孩子夢見去西班牙旅行，例三、女患者夢見金甲蟲，例四、某人夢見朋友死亡，例五、杜納夢見火山爆發，以及賴因實驗中猜圖案、猜骰子均屬於第一類情況。夢中的情景與實際發生的情景高度吻合，猜想的圖案和數字與實際情況高度相關（超出概率計算），其中的真正原因正是心靈感應。

再說第二類情況。榮格的案例中提到這樣一個例子：1949 年 4 月 1 日（愚人節），早上榮格記下一段題詞：「人類總的來說是來自塵埃的魚」；中午吃了魚，正好有人提及要把某人捉弄成「四月魚」（愚人節的風俗）；下午來了一位幾個月沒有見面的病人，給榮格看他自己畫的幾幅畫，畫面上有一些魚；晚上，有人給榮格看了一個刺繡圖案，是一隻像魚的海怪；次日（4 月 2 日），另一個幾年沒有見面的病人，將自己的一個夢告訴榮格，她夢見自己站在湖邊，看到一條大魚游過來；那一段時間，榮格說他自己正在對歷史上的魚象徵進行研究，這幾個人中只有一人知道這個研究。

吃魚，看見魚，聽見別人說魚，寫魚的文章，等等，短期內集中出現和魚有關的事情。筆者認為這些情況其實是被當事人篩選出來擺在一起才顯得存在相關性的，其真實的原因在於當事人的關注。因為你在思索某個問題，所以你會注意到身邊發生的眾多事情中與此相關的事情。這個現象筆者在很小的時候就注意過，某一段時間我心中對某個事情感興趣，於是就會在報紙上、電視上看到（或從別人的嘴裏聽到）這種事情。我當時感到非常奇怪，覺得不可思議。後來想明白了，其實每天發生在我們身邊的事情千千萬，有些事情之所以頻頻出現是由於我們選擇性關注的結果；它們各自發生，本來並無意義，但是由於我們的關注而被賦予了意義。這就是第二類情況。

這裏想重點談談榮格所舉的例一，筆者認為這屬於第一類情況。但是，比較特殊的是此例中與事件發生心靈感應的不是人，而是鳥。人在死亡前後可能發出了某種氣味或者生物磁場，鳥能夠感受到，於是鳥在死者住所周圍聚集、盤旋。這種現象多次發生後，被人注意到了。論文《心靈感應之腦電波解析與啟迪》中提到一例相似的現象，作者的爺爺在半夜剛剛過世，鄰家

的一條狗（平時很安靜的狗）卻突然出現在屋外的草坪上，在半夜的燈光中朝著逝者的方向吼叫得特別凶，後來遠處的狗跟著嚎叫起來，氣氛特別恐怖。作者認為「這個案例很明顯說明狗是能夠感覺到人瀕臨死亡的訊息，而且這種訊息能夠穿透牆壁使屋外的狗感知到。」〔註 50〕據俄羅斯科學院院士姜堪政教授介紹：「生物光子學研究發現，細胞死亡過程中超微弱發光增強（細胞溶酶體引起的自由基脂質過氧化反應可以解釋這種光子發射）。」〔註 51〕筆者推測，人在死亡之際會向周圍輻射大量的生物電磁波，儀器可以檢測到，某些動物（狗、鳥等等）能夠「看到」。因此，人的死亡是因，動物的反應是果。

　　概言之：第一類事情明顯存在因果關係；第二類事情本來是各自發生的，並不存在相關性，只因為被人關注之後顯得存在相關性；然而若是第一類事情和第二類事情相結合，那也是存在相關性的事情，比如例一。

小結

　　古人認為萬物有一個共同的基礎，那就是「氣」，這裡的氣既有物質屬性，又有精神屬性。古人在漫長的生產實踐中通過觀察自然萬物、觀察自身，體悟出「氣生萬物」和「同氣相求」的道理，並以此為基礎形成了一套象數知識體系。今天的科學技術已經高度發達，本文認為，古人所說的「氣」正是指微觀世界的原子、分子，所謂「同氣相求」正是元素週期律、生物全息律、隱秩序和分形原理所揭示的世界的本質規律。本文進一步揭示出事物和事件是同一個「東西」的不同呈現；事物的形成之初早有端倪出現，事件的發生之前早有信息抵達；萬物皆振動，越具體的同類事物的共振發生在越具體的時空之中，越抽象的同類事物的共振越超越具體的時空。我們對某件事情的念頭越專注，就越容易與那件事本身發生共振，帶著這個專注的念頭所搖的卦或占得的六壬課便與我們的念頭發生了共振，於是三者同時共振，這個過程是瞬間發生的，是超越時空的。於是，當我們按照程序把卦象或課象解讀出來就可以知道事情的來龍去脈。這便是數術學預測的機理。

　　榮格用「共時性原理」來解釋「有意義的無因果關係的巧合」，進一步來

〔註 50〕 秦海波、廖東升：《心靈感應之腦電波解析與啟迪》，《國防科技》2013 年第 2 期。

〔註 51〕 姜堪政、袁心洲著：《生物電磁波揭秘》，北京：中國醫藥科技出版社，2011 年 1 月第二版，第 172 頁。

解釋《周易》占卜的原理，他的見解很有創見。但是「共時性原理」的那些「巧合」並非是無因果關係的，而恰恰是具有因果關係的「同氣相求」。

第九章　有限自由意志論——兼談命運的必然與偶然

　　前面我們談到數術預測的機理問題。拋擲錢幣六次或蓍草被隨機地分配數次，最後形成一個卦象，據此可以對關心的事情進行預測。榮格認為這是無意識的偶然事件與客觀世界形成了巧合。筆者認為，這不是巧合，而是共振。你對某件事情越關心，你的念頭就越容易與那件事發生共振；你的念頭越專注，你搖的卦就越與這個念頭發生共振。於是，三者一起共振。但是我們搖卦和分配蓍草的過程卻必須是隨機的，不能以主觀意志去干擾卦象呈現的過程，否則不能共振。六壬課的形成也一樣，看似巧合、偶然，其實是念頭與客觀事件發生了共振。六壬課強調以「正時」起課，如果自己占，心念一動，天機即在其中，就以發念之時為正時；他人占事，一般以遇見占師的時間為正時，因為兩個人相遇的時間自然包含天機在其中；或者由當事人口報一個時辰為正時，要求不假思索，脫口而出，此時天機活波，靈驗準確，如果稍加遲疑，則天機為思慮物欲遮蔽，靈驗度就打了折扣。〔註1〕

　　這說明，看似偶然的事情反映的卻是必然的**趨勢**，我們的看似無意的念頭卻又是事情必然性的反映。古人發明數術的目的正是為了窺測命運，從而達到趨吉避凶的目的。

　　但問題是：這個世界是確定的還是充滿偶然性？命運注定還是可以改變？我們能否掌控自己的念頭？我們是否擁有「自由意志」？〔註2〕

　　本研究認為，這些問題要看從什麼層次、什麼角度來討論，來回答。

〔註1〕 李峰注解：清康熙內府精抄本《御定六壬直指》，海口：海南出版社，2002年2月第一版，第3～5頁。

〔註2〕 案：本文所說的「自由意志」即是指我們擁有自主決定情緒、思想、行為，進而擁有自主掌控命運的能力。

第一節　古聖先賢談命運

我們一生的境遇是被命運拘定的，還是我們自由選擇的？我們的勤奮努力和修身養性能否主宰命運？先來聽一聽古聖先賢是如何談論的吧！

孔子一生爲實現自己的政治理想東奔西走而不得志，他歷盡坎坷、窮困潦倒而常常感慨命運。有一次他準備去晉國施展抱負，在黃河邊聽說晉國兩位賢大夫無故被掌握實權的卿士所殺，孔子悲歎道：「美哉水，洋洋乎！丘之不濟此，命也夫！」。〔註3〕

孔子認爲一個人的能力、際遇都是上天安排好的，人力不能更改，所以面對別人的陷害和算計，他毫不在意地說：「道之將行也與，命也；道之將廢也與，命也。公伯僚其如命何！」〔註4〕還說：「天生德於予，桓魋其如予何！」〔註5〕

然而勤奮和有德行的人能否獲得好命呢？伯牛是孔子的弟子中仁德修養最傑出三個之一，卻得了不治之症就要離世。孔子去看望他，隔著窗戶握著伯牛的手，十分悲哀地說：「亡之，命矣夫，斯人也而有斯疾也！斯人也而有斯疾也！」〔註6〕德行這樣好的人爲什麼要患這樣的病啊！這就是命嗎？這就是命嗎？

孔子最得意的學生是顏淵，可惜他生活貧困，二十九歲就早死了。孔子慟哭：「噫！天喪予！天喪予！」〔註7〕面對命運的擺佈，個人的努力奮鬥和仁德修養似乎無濟於事。孔子無可奈何地說：「生死有命，富貴在天。」〔註8〕又說：「不知命，無以爲君子也」〔註9〕，「知其不可奈何而安之若命，德之至也。」〔註10〕

〔註3〕〔漢〕司馬遷著：《史記·孔子世家》，北京：中華書局，2014年8月第一版，第二三三三頁。

〔註4〕〔清〕阮元校刻：《十三經注疏》五《論語》，北京：中華書局，2009年10月第一版，第五四五九頁。

〔註5〕〔漢〕司馬遷著：《史記·孔子世家》，北京：中華書局，2014年8月第一版，第二三二八頁。

〔註6〕〔清〕阮元校刻：《十三經注疏》五《論語》，北京：中華書局，2009年10月第一版，第五三八二頁。

〔註7〕同上，第五四二七頁。

〔註8〕同上，第五四三六頁。

〔註9〕同上，第五五一〇頁。

〔註10〕〔晉〕郭象注〔唐〕成玄英疏：《莊子注疏》北京：中華書局，2011年1月第一版，第85頁。

隨著年歲漸長，孔子迷上了《周易》，「夫子老而好易，居則在席，行則在橐」〔註11〕，達到「韋編三絕」的程度。孔子不僅進行理論研究，還進行占卜實踐，他說「吾百占而七十當，唯周梁山之占也，亦必從其多者而已矣。」〔註12〕到了晚年，孔子總結自己說「五十而知天命」〔註13〕，還說：「君子有三畏：畏天命，畏大人，畏聖人之言。」〔註14〕

子不語怪力亂神卻篤信命運，這是個很有意思的現象。這說明在孔子心中，命運不是邪魔外道，不是怪力亂神，而是我們難以掌控的自然規律。

如果說孔子認為天命難違，那麼孟子就走得更遠，他說：「形色，天性也。」〔註15〕意思是說一個人的肢體形狀和各種欲望那都是老天賦予的。不僅如此，孟子認為人或賢或不孝以及智慧和覺悟程度的區別都是上天安排好的，他說：「舜、禹、益相去久遠，其子之賢不肖皆天也，非人之所能為也。莫之為而為者天也，莫之致而至者命也。」〔註16〕又說「天之生此民也，使先知覺後知，使先覺覺後覺也。」〔註17〕

孟子甚至認為一個人努力不努力、勤奮不勤奮、做什麼不做什麼那都是命運的安排。《孟子・梁惠王下》記載：「他日君出，則必命有司所之。今乘輿已駕矣，有司未知所之，敢請。」又說「行，或使之；止，或尼之。行止非人所能也。吾之不遇魯侯，天也。」〔註18〕如此推而廣之，孟子認為社會的治亂也是天注定的。他說「天下之生久矣，一治一亂。」〔註19〕又說「五百年必有王者興，其間必有名世者。」〔註20〕

儘管孟子認為命運是注定的，然而他畢竟給人的思慮留下了一點自由。他說：「耳目之官不思，而蔽於物。物交物，則引之而已矣。心之官則思，思

〔註11〕 裘錫圭主編：《長沙馬王堆漢墓簡帛集成》三《周易經傳・要》，北京：中華書局，2014 年 6 月第一版，第一一六頁。
〔註12〕 同上。
〔註13〕 〔清〕阮元校刻：《十三經注疏》五《論語》，北京：中華書局，2009 年 10 月第一版，第五三四六頁。
〔註14〕 同上，第五四七九頁。
〔註15〕 〔清〕阮元校刻：《十三經注疏》五《孟子注疏》，北京：中華書局，2009 年 10 月第一版，第六○二七頁。
〔註16〕 同上，第五九五五頁。
〔註17〕 同上，第五九五六頁。
〔註18〕 同上，第五八三三頁。
〔註19〕 同上，第五九○三頁。
〔註20〕 同上，第五八七一頁。

則得之，不思則不得也。此天之所與我者。」〔註21〕又說：「求則得之，舍則失之，是求有益於得也，求在我者也。求之有道，得之有命，是求無益於得也，求在外者也。」〔註22〕孟子認爲，思考是自由的，精神境界是可以追求的，雖然我們改變不了命運，但是可以提升精神境界和道德修養。

莊子認爲人生完全是命運的安排，他說：「性不可易，命不可變，時不可止，道不可壅。苟得於道，無自而不可。失焉者，無自而可。」〔註23〕又說：「死生、存亡、窮達、貧富、賢與不肖、毀譽、饑渴、寒暑，是事之變命之行也。」〔註24〕既然一切都是命運注定，所以最好的態度就是隨遇而安，莊子說：「且夫得者，時也；失者，順也。安時而處順，哀樂不能入也。」〔註25〕

荀子不否認人是自然的產物，要受制於自然規律，順從自然規律做事可以得福，違反自然規律就要得禍。他說：「天職既立，天功既成，形具而神生，好惡、喜怒、哀樂臧焉，夫是之謂天情。耳目鼻口形能，各有接而不相能也，夫是之謂天官。心居中虛以治五官，夫是之謂天君。財非其類，以養其類，夫是之謂天養。順其類者謂之福，逆其類者謂之禍，夫是之謂天政。暗其天君，亂其天官，棄其天養，逆其天政，背其天情，以喪天功，夫是之謂大凶。聖人清其天君，正其天官，備其天養，順其天政，養其天情，以全其天功。如是，則知其所爲，知其所不爲矣，則天地官而萬物役矣。」〔註26〕

但是，荀子認爲還可以利用自然規律，提出「制天命而用之。」〔註27〕可見，荀子並不認爲人完全受制於命運（但是人究竟在多大程度上可以制約「天命」，這倒是一個可以討論的話題）。

然而，許多有才能有智慧的人卻遭遇困境和厄運，平庸之輩卻飛黃騰達，面對這種社會現實，荀子也不得不承認：「夫賢不肖者，材也；爲不爲者，人

〔註21〕〔清〕阮元校刻：《十三經注疏》五《孟子注疏》，北京：中華書局，2009年10月第一版，第五九九〇頁。

〔註22〕同上，第六〇一五頁。

〔註23〕〔晉〕郭象注〔唐〕成玄英疏：《莊子注疏》北京：中華書局，2011年1月第一版，第288～289頁。

〔註24〕同上，第117頁。筆者注：原文是借孔子的口吻來說。

〔註25〕同上，第143頁。

〔註26〕〔清〕王先謙撰：《荀子集解》，北京：中華書局，2012年3月第一版，第302～303頁。

〔註27〕同上，第310頁。

也；遇不遇者，時也；死生者，命也。今有其人不遇其時，雖賢，其能行乎？苟遇其時，何難之有？故君子博學、深謀、修身、端行以俟其時。」〔註28〕荀子不得不承認：「節遇謂之命。」〔註29〕

但是總的來說，荀子認為一個人如果遵紀守法、勤奮上進，在一定程度上可以把握自己的命運。他說：「敬其在己者，而不慕其在天者。」〔註30〕

先秦諸子唯一否認命運存在的是墨子，不過他否認的理由卻有些滑稽，他說：「自古以及今，生民以來者，亦嘗見命之物、聞命之聲者乎？則未嘗有也。……自古以及今，生民以來者，亦嘗有聞命之聲、見命之體者乎？則未嘗有也。」〔註31〕

秦以降，論命的哲人很多，由於篇幅所限本文只能擇其要而論之。東漢時期以「疾虛妄」著稱的大思想家王充居然也相信命運！而且他對命運問題集中論述，大書特書，洋洋萬言。他認為凡人富貴貧賤、死生壽夭都是命，與才能智慧、品德操行沒有必然聯繫。〔註32〕那麼，人為什麼生來命運不同呢？王充認為這是由每個人出生時稟氣的精粗渥薄、星位尊卑決定的，連意外的災禍如兵、燒、壓、溺也是稟氣不同所致，詳見注釋〔註33〕。

〔註28〕〔清〕王先謙撰：《荀子集解》，北京：中華書局，2012年3月第一版，第508～509頁。

〔註29〕同上，第401頁。

〔註30〕同上，第305頁。

〔註31〕吳毓江撰：《墨子校注》，北京：中華書局，1993年10月第一版，第406頁。

〔註32〕〔民國〕黃暉撰：《論衡校釋》，北京：中華書局，1990年2月第一版，第二〇～二二頁。原文如下：

　　凡人遇偶及遭累害，皆由命也。有死生壽夭之命，亦有貴賤貧富之命。自王公逮庶人，聖賢及下愚，凡有首目之類，含血之屬，莫不有命。命當貧賤，雖富貴之，猶涉禍患，失其富貴矣；命當富貴，雖貧賤之，猶逢福善，離其貧賤矣。故命貴從賤地自達，命賤從富位自危。故夫富貴若有神助，貧賤若有鬼禍。命貴之人，俱學獨達，並仕獨遷；命富之人，俱求獨得，並為獨成。貧賤反此，難達，難遷，〔難得〕，難成；獲過受罪，疾病亡遺，失其富貴，貧賤矣。是故才高行厚，未必保其必富貴；智寡德薄，未可信其必貧賤。或時才高行厚，命惡，廢而不進；知寡德薄，命善，興而超踰。故夫臨事知愚，操行清濁，性與才也；仕宦貴賤，治產貧富，命與時也。命則不可勉，時則不可力，知者歸之於天。……故貴賤在命，不在智愚；貧富在祿，不在頑慧。

〔註33〕〔民國〕黃暉撰：《論衡校釋》，北京：中華書局，1990年2月第一版，第四八頁，二八頁。原文如下：

　　天施氣而眾星布精，天所施氣，眾星之氣在其中矣。人稟氣而生，含氣而長，得貴則貴，得賤則賤。貴或秩有高下，富或貲有多少，皆星位尊卑小

　　既然命運是生來注定的，那要不要去主動追求呢？王充認爲，貧賤的命去求富貴，求來的同時就要遇到災禍，而富貴的命又有求而得之、不求得之的兩種情況。〔註34〕

　　王充還認爲，國命大於人命，壽命勝於祿命，他說：「宋、衛、陳、鄭同日並災，四國之民，必有祿盛未當衰之人，然而俱災，國禍陵之也。故國命勝人命，壽命勝祿命。」〔註35〕

　　東漢以後討論命運問題的哲人總體上沒有超出前人的那些理解。

　　北宋名臣呂蒙正爲勸誡太子而創作《破窯賦》值得一提，其內容完全是擺事實，讓人不能反駁：

> 天有不測風雲，人有旦夕禍福。蜈蚣百足，行不及蛇，家雞翼大，飛不如鳥。馬有千里之程，無人不能自往。人有凌雲之志，非運不能騰達。文章蓋世，孔子厄困於陳邦。武略超群，太公垂釣於渭水。盜跖年長，不是善良之輩。顏回命短，實非兇惡之徒。堯舜至聖，卻生不肖之子。瞽叟頑呆，反生大聖之兒。張良原是布衣，

大之所授也。

　　凡人稟命有二品，一曰所當觸值之命，二曰彊弱壽夭之命。所當觸值，謂兵燒壓溺也；彊壽弱夭，謂稟氣渥薄也。兵燒壓溺，遭以所稟爲命，未必有審期也。若夫彊弱夭壽，以百爲數；不至百者，氣自不足也。夫稟氣渥則其體彊，體彊則其命長；氣薄則其體弱，體弱則命短，命短則多病壽短。始生而死，未產而傷，稟之薄弱也。渥彊之人，不卒其壽。若夫無所遭遇，虛居困劣，短氣而死，此稟之薄，用之竭也。此與始生而死，未產而傷，一命也，皆由稟氣不足，不自致於百也。

〔註34〕 同上，第二五～二七頁。原文如下：
　　命貧以力勤致富，富至而死；命賤以才能取貴，貴至而免。才力而致富貴，命祿不能奉持，猶器之盈量，手之持重也。器受一升，以一升則平，受之如過一升，則滿溢也；手舉一鈞，以一鈞則平，舉之過一鈞，則躓仆矣。前世明是非，歸之於命也，命審然也。……雖云有命，當須索之。如信命不求，謂當自至，可不假而自得，不作而自成，不行而自至？夫命富之人，筋力自彊；命貴之人，才智自高，若千里之馬，頭目蹄足自相副也。有求而不得者矣，未必不求而得之者也。精學不求貴，貴自至矣；力作不求富，富自到矣。富貴之福，不可求致；貧賤之禍，不可苟除也。由此言之，有富貴之命，不求自得。信命者曰：「自知吉，不待求也。天命吉厚，不求自得；天命凶厚，求之無益。」夫物不求而自生，則人亦有不求貴而自貴者矣。人情有不教而自善者，有教而終不善者矣。天性猶命也。越王翳逃山中，至誠不願，自冀得代。越人薰其穴，遂不得免，彊立爲君。而天命當然，雖逃避之，終不得離，故夫不求自得之貴歟？

〔註35〕 同上，第四五～四六頁。

蕭何稱謂縣吏。晏子身無五尺，封爲齊國首相。孔明居臥草廬，能作蜀漢軍師，韓信無縛雞之力，封爲漢朝大將。馮唐有安邦之志，到老半官無封。李廣有射虎之威，終身不第。楚王雖雄，難免烏江自刎。漢王雖弱，卻有河山萬里。滿腹經綸，白髮不第，才疏學淺，少年登科。有先富而後貧，有先貧而後富。蛟龍未遇，潛身於魚蝦之間。君子失時，拱手於小人之下。天不得時，日月無光。地不得時，草木不長。水不得時，風浪不平。人不得時，利運不通。〔註36〕

一代偉人毛澤東同志如何看待命運呢？在《毛澤東批閱古典詩詞曲賦全編》〔註37〕上冊第719頁，載有唐時羅隱的詩句《籌筆驛》：

拋擲南陽爲主憂，北征東討盡良籌。**時來天地皆同力，運去英雄不自由。**

千里山河輕孺子，兩朝冠劍恨譙周。惟餘岩下多情水，猶解年年傍驛流。

毛澤東在標題和每句詩末都作了細密的圈點，特別對「時來天地皆同力，運去英雄不自由」這句作了更多的圈點。讀過二十四史《梁武帝傳》後，毛澤東對作者李延壽的一段評論又寫下了這句詩「**時來天地皆同力，運去英雄不自由。**」〔註38〕

以上，我們擇要羅列了古聖先賢對命運問題的理解和論述。他們的思考爲我們提供了可資參考的寶貴意見。

第二節　必然與偶然

所謂命運，實際上是指人生的必然性。墨子認爲沒有人聽過命運的聲音，也沒有人見過命運的形體，所以命運不存在。其他先哲普遍認爲命運是存在的，但是他們的理解還有一些細微的不同。

〔註36〕 百度百科：《破窯賦》https：//baike.baidu.com/item/%E7%A0%B4%E7%AA%91%E8%B5%8B/7791451?fr=aladdin

〔註37〕 畢桂發主編：《毛澤東批閱古典詩詞曲賦全編》，北京：中國工人出版社，1997年7月第一版。

〔註38〕 《毛澤東評點二十四史（上中下卷)》，北京：時事出版社，1997年12月第一版。
又見《毛澤東讀文史古籍批語集》，北京：中央文獻出版社，1993年版，第185頁。

　　孔子認爲命運不以主觀意志爲轉移，勤奮努力和道德修爲都無濟於事。不過我們分析孔子所處的時代背景就可以理解孔子的遭遇了。春秋晚期，周天子衰微，各諸侯爭霸，而孔子的努力是想恢復周禮，恢復曾經的禮樂制度，這顯然與時代潮流相悖，難怪「無濟於事」了。

　　荀子認爲我們在一定程度上受制於命運，但是我們可以認識規律、掌握規律，我們可以勤奮好學、遵紀守法，等待時機來臨，從而反過來「制天命而用之」。用今天的話來說，荀子認爲人是擁有「自由意志」的，並且能夠「制天命而用之」，這個問題我們在本章第三節、第四節細談。

　　孟子、莊子的觀點相近，認爲一個人所遇，以及努力不努力、勤奮不勤奮、賢與不孝以及做什麼不做什麼那都是命中注定。用今天的話說，人是沒有自由意志的。表面上我們都在主動地做事，但是那其實是命運的安排。面對命運的安排，孟子和莊子的態度不同。莊子認爲凡事隨遇而安，「齊生死，齊萬物」。而孟子認爲要提高精神境界，「養吾浩然之氣」，「得志，與民由之；不得志，獨行其道。富貴不能淫，貧賤不能移，威武不能屈，此之謂大丈夫。」〔註39〕

　　王充認爲人的命運是生來注定的，其原因是出生時受氣之精粗渥薄、星位尊卑不同。但是，王充最突出的一點是指出事物的偶然性。他說：「凡人操行，有賢有愚，及遭禍福，有幸有不幸。舉事有是有非，及觸賞罰，有偶有不偶。」〔註40〕但是王充把這種偶然性也歸之於命，「凡人遇偶及遭累害，皆由命也」〔註41〕，「命，吉凶之主也，自然之道，適偶之數，非有他氣旁物厭勝感動使之然也。」〔註42〕這實際上是把偶然也歸之於必然。

　　下面就來重點討論一下偶然與必然的問題。一般來說，我們把搞不清原因的事情稱之爲偶然，而把具有因果關係的事情稱之爲必然；我們把不可思議的事情稱之爲偶然，而把意料之中的事情稱之爲必然。

　　就拿地球上產生生命來說，有人認爲這純屬偶然。地球與太陽的距離適中，地球的自轉軸與黃道平面的夾角恰當，地球的質量和體積正好，地球在太陽系幾大行星中的位置序列合適，……所有這一切都恰到好處從而讓地球

〔註39〕〔清〕阮元校刻：《十三經注疏》五《孟子注疏》，北京：中華書局，2009年10月第一版，第五八九四頁。

〔註40〕黃暉撰：《論衡校釋》，北京：中華書局，1990年2月第一版，第三七頁。

〔註41〕同上，第二〇頁。

〔註42〕同上，第九九頁。

上呈現了一片生機，實在是太偶然了。

　　然而，如果我們換一個角度來看又如何？天文學家估計，僅銀河系就有1000億顆太陽，而宇宙中有1000億個「銀河系」。〔註43〕在如此浩瀚的宇宙中，某個星球產生了生命，那不是必然的事情麼？而這個星球就是地球。大約37億年前，地球上各種恰當的條件使生命自然而然地產生了，然後有一部分生命緩慢地進化成了今天的人類，這都是必然。

　　這說明，看問題的角度不同，得出的結論就不同。嚴春友先生正是持這樣的觀點，他提到兩件十分「偶然」的事情：

　　　　20世紀80年代，北京有個小老闆到郊區去要賬，大約兩千塊錢，很長時間了對方仍未還。他打了一輛麵包車，路程約兩個小時。當到達路程的一半時，他決定下車解手。結果，他剛出車門，對面來了一輛大卡車，車上的一個輪子正巧飛了出來，恰恰打在他身上。另外一例發生在我老家，山東省莒縣。有個人患心臟病多年，一直沒有治好。於是決定去臨沂治病，臨沂是最近的一個大城市。但是，在去臨沂的路上發生了意外，這個意外之蹊蹺，無論多麼有想像力的人也想像不出來：對面一輛飛速行駛的汽車，捲起了路上的一枚螺絲釘，這枚螺絲釘打穿了他所乘坐的客車車皮，然後穿透了他的身體，打進了心臟。結果是當場死亡。〔註44〕

　　嚴先生認為，這兩件事情如果站在當事人的角度來看是偶然，如果從第三方的角度看則是必然（假如我們能夠看到雙方的話）；從整體來看是必然，從局部來看是偶然，偶然和必然只是我們看待問題的視角不同。

　　嚴先生用視角不同來解釋必然與偶然非常正確，但本文認為還可以用因果關係來解釋。

　　《增刪卜易・趨避章》記載了一個類似的案例，詳見注釋〔註45〕。這個

<hr />

〔註43〕〔德〕魯道夫・基彭哈恩著，沈良照、黃潤乾譯：《千億個太陽》，長沙：湖南科學技術出版社，1996年8月第一版，第1頁。

〔註44〕嚴春友：《決定論與非決定論之語義分析》，《山西大學學報》哲學社會科學版，2014年第1期。

〔註45〕〔清〕野鶴老人著，鄭同點校：《京氏易精粹》3《增刪卜易》，北京：華齡出版社，2010年3月第一版，第二一二～二一三頁。原文如下：

　　　　曾於漢口卯月壬寅日（筆者注：原文為丙寅日，依照《野鶴老人占卜全書》改）占索債，得否，得益之中孚（筆者注：為節約篇幅，此處將卦體略去）。

人打算過江討債，臨行前找野鶴老人占問能否討回，得到一個危亡之卦，應在辰時。野鶴苦留他吃飯，過了辰時再說。結果，討債的人吃完飯，辰時已過，趕赴江邊，發現他本打算要乘坐的船在江心遇到暴風而傾覆，船上無人活命。

如果此人沒有找野鶴占卦而徑直去乘船，那豈不是要發生死亡的「偶然」事件了？這種偶然事件居然還有預兆，可以占卜出來？用常人的眼光來看這真是不可思議！

既然有預兆，能夠預測，那就不應該叫偶然事件了。上一章我們討論過，事件和事物是同一個「東西」，萬物皆振動，同一類事物可以發生共振，越抽象的事物之間的共振越超越時空，這便是數術預測的機理。上一章我們還討論過，事件發生之前，其能量、信號早已送達了，所以並非突然發生，並非偶然發生。

再舉幾個例子。天氣變化是偶然還是必然呢？氣象學家一向將其稱之爲混沌系統，也即是說氣象變化的參數特別多，忽略了一點將會導致大量的誤差而產生「蝴蝶效應」。〔註46〕但是，假如我們考慮的因素足夠多，計算機的計算能力足夠強，理論上我們當然可以預測混沌系統。事實上，隨著科技手段的提升，我們今天要預測一周之內的天氣已經不是難題了。天氣變化正在從偶然變成必然。

然而即使在科技不發達的古代，人們依然可以用占卜手段來預測天氣，大六壬和六爻卦中這一類的例子太多了，恕不一一列舉。

地震預測是更加困難的，但是隨著科技水平的提升，準確預測地震也正在一天天變成現實。2018 年 2 月 2 日中國電磁監測試驗衛星「張衡一號」發射成功，進入預定軌道，將爲地震機理研究和地震預測提供重要數據支持。

此人欲渡江索債，因屢取不得，欲與之廝鬧，問：「得財否？成非否？」予見此卦，本日日辰動化進神剋世，因世爻落空，辰時出空，被日月動交之剋，必有危亡之禍。留之早膳，過此時辰，去亦不遲。彼必欲去，予苦留之，飯後去到江傍，忽而跑回，向予拜謝活命之恩。予曰：「此其何故？」彼曰：「今早四隻大船橫渡，行至江心，忽起暴風，盡覆沒。此時屍滿長江，若不蒙君苦留，已在江中矣。」予曰：「依數全無救星，定是兄之德行，我有何功，此非謂之避之則吉也（筆者注：原文爲「此非避也」，依照《野鶴老人占卜全書》改）？」

〔註46〕 1970 年代，美國氣象學家洛倫茲在解釋空氣系統理論時說，亞馬遜雨林一隻蝴蝶翅膀偶而振動，也許兩周後就會引起美國得克薩斯州的一場龍捲風，也即混沌系統不可能準確預測。

然而，當代自然科學家、中科院院士翁文波先生早就用天干地支紀曆的原理成功預測了旱災、暴雨、洪水、地震等自然災害，有專著《天干地支紀曆與預測》問世，[註47] 早在 1982～1992 十年間其準確率就達到 83.7%。[註48] 王虎應先生用六爻卦預測地震，也頗有心得。[註49]

這些事例都說明，那些「偶然」事件的背後隱藏著我們暫時解釋不了的原因，一旦認知能力和手段提升以後，我們就不會再認為那是偶然。

那麼，微觀世界的不確定現象該如何解釋呢？這個問題就留給物理學家去爭論吧，愛因斯坦認為「上帝不擲骰子」，波爾說：「請愛因斯坦先生不要給上帝設定規則。」波爾的意思是說，上帝是擲骰子的，也即微觀世界是充滿偶然性的。那麼我想說：「波爾先生，也請你不要給上帝設定規則。」

我們常人理解不了事物發生的原因，就說它是不確定的，等到把它背後的原因找到之後，一切便都是確定的了。所以，在日常生活的這個時空中發生的「偶然」事件，如果站在更高一層的時空中「觀察」，那就是「必然」。看到了那個「必然」的趨勢，早作調整，便可以避免災禍。但是，既然世界是確定的，那麼預測出來的災禍怎麼可以更改呢？在本章引言部分的末尾筆者提到過：這些問題要看從什麼層次、什麼角度來討論，來回答。我們可以想一想：預測出來災禍從而採取了措施讓災禍沒有發生，這個預測行為本身是偶然的？還是必然的？決定論認為，世界是決定的，預測行為本身也是決定的；偶然論認為，世界是充滿偶然的，這個行為也是偶然的。問題的關鍵在於：我們擁有自由意志嗎？

第三節　「不自由」的意志

如果命運注定，那麼人們就不可能擁有自由意志。反過來說，如果人擁有充分自由的意志，一切都是我們選擇的結果，那麼命運就不可能注定！

我們的意志顯然是不完全自由的，受著各種客觀的限制。**這是第一層不自由。**

[註47] 翁文波、張清編著：《天干地支紀曆與預測》，北京：石油工業出版社，1993 年 7 月第一版。

[註48] 徐道一等：《翁文波院士對天災預測的傑出貢獻》，《中國地質學會地質學史專業委員會第 24 屆學術年會》2012 年 10 月。

[註49] 王虎應著：《六爻分類占驗技法・預測地震》，香港：時輪造化有限公司，國際書號：981-05-0941-3，第 22～46 頁。

　　人從降生的哪一刻（或者更精確一點，從受孕的哪一刻）起，他會生在什麼樣的家庭、怎麼樣的社會、什麼樣的時代，已經注定了。這樣的注定會極大地影響我們的一生。如果沒有時代給予的機會，個人很難靠勤奮和智慧來改變處境。

　　記得有人說過，除了生不能選擇，其他都可以選擇。仔細想一想，這個說法並不嚴密，因為除了生不能選擇外，多數人連死也不能選擇，從生到死的過程，可以自己選擇的東西實在有限。舉一個例子：

　　一日三餐算是比較小的事情。我們可以選擇吃米飯，或者吃饅頭，吃豬肉或者吃青菜。然而我們可以選擇的前提是，市場上或者廚房裏的菜譜上正好可以為你提供這些選擇。假如有人哪天突然想吃天鵝肉，或者想吃熊掌，那還真是不好找呢！想想非洲還有很多難民，監獄裏還有許多囚徒，他們怎麼可以隨便選擇今天想吃什麼？！

　　老話說「身不由己、別無選擇」，十分傳神地描繪了這些無法選擇的狀況。

　　此外，我們的意志還受到主觀的限制。這是第二層不自由。

　　我們無法做到在任何時間想睡就睡，反過來，累極了想不睡都不行。我們的意志並不能隨心所欲地控制身體。如果有人不幸患過神經衰弱、失眠症，就會知道控制自己的念頭多麼難！正常地讀書、看報，根本做不到。腦子裏的念頭此起彼伏，揮之不去，完全不受意志的控制。

　　現代腦科學已經證明，人類的思維在大多數時間是不受意識控制的。也即是說我們的行為在多數情況下是一種自動反應，它是不假思索的。這種自動反應的行為源於我們與生俱來的神經反應模式（類似於性格），也源於在這種反應模式基礎上建立起來的習得性經驗。有時候我們會莫名其妙地、不由自主地做了一件事而搞不懂原因，正如「鬼使神差」一般。

　　徐向東教授說：「除了在物理學中外，例如生物學、行為科學和社會科學在 20 世紀的發展使很多人確信，我們的行為在很大程度上被我們既不知道又沒法控制的原因所決定。」〔註50〕

　　荷蘭阿姆斯特丹大學腦科學教授、全球腦神經研究領域的旗幟性人物之一 Dick Swaab 認為，我們的許多特徵（包括性格）都是在胎兒發育過程中被

〔註50〕徐向東著：《理解自由意志》，北京：北京大學出版社，2008 年 8 月第一版，第 60 頁。

固定到我們的腦結構中的。〔註51〕我們的行為在出生時就已經在很大程度上被決定了，這一事實與 20 世紀 60 年代關於人類的可塑性的信仰截然相反。……我們出生環境的宗教性也決定著我們將如何體現我們與生俱來的靈性，是具有信仰、唯物主義，還是對環境抱有非凡的關切。……我們的遺傳背景以及對於我們早期大腦發育具有永久性效應的所有因素造成我們的「內在局限性」，於是我們無法自由地決定改變性別身份、性取向、攻擊性程度、性格、宗教信仰和母語。〔註52〕我們的許多決定都是在「轉瞬間」或者「本能地」，抑或是憑我們的直覺而做出的，沒有自覺地思考它們。〔註53〕

此外，Swaab 認為大腦前額葉皮層的發育狀況、體內激素水平、日照量和溫度都在影響人們的行為，毒品和酒精濫用會導致行為失常（酒精能抑制前額葉皮層功能，因此人們會在暢飲之後突然出現毫無意識的暴力行為〔註54〕）。

美國國家科學院院士、認知神經科學研究所負責人 Michael S. Gazzaniga 通過實驗證明：大腦的大量運作是發生在意識知覺和控制之外的，每當碰到屬於自己領域的刺激，我們大腦裏內置的系統就開始自動執行任務，而這一切經常不為我們的意識所察知。〔註55〕

他認為「我們並不願意認為人的思想和行為同樣是遵循預定規律的無意識活動。但事實正是如此：你的大腦還來不及意識到，你的行為就過去了，或完成，或失敗。」〔註56〕

他研究證明，我們擁有許多生來就有的知識：3 個半月大的嬰兒就懂得物體是恒定的，即便被其他東西遮擋住，也不會消失。另一些實驗還表明，嬰兒以為物體是緊密結合的，拖拽不應該讓它們自然分開。……他們還以為物體靠自己無法移動，除非有東西碰觸它；物體應該是實心的，不能穿越另一物體。這就是遺傳決定的知識，我們生來就有的知識。〔註57〕

〔註51〕〔荷〕Dick Swaab 著，王奕瑤、陳琰璟、包愛民譯：《我即我腦》，北京：中國人民大學出版社，2011 年 9 月第一版，第 193 頁。

〔註52〕同上，第 281 頁。

〔註53〕同上，第 282 頁。

〔註54〕同上，第 145 頁。

〔註55〕〔美〕Michael S. Gazzaniga 著，閭佳譯：《誰說了算？自由意志的心理學解讀》，杭州：浙江人民出版社，2013 年 7 月第一版，第 74 頁。

〔註56〕同上，第 106 頁。

〔註57〕同上，第 17 頁。

他還認爲，我們具備生來就有的對某些動物（比如蛇）的警覺以及生來就有的偏好。〔註58〕

伯克利理論物理博士 Leonard Mlodinow 認爲：在意識和潛意識共同作用的系統裏，潛意識是更爲基礎的——它從人類進化早期就開始不斷發展，以滿足我們最基本的生存、感知和安全需求，從而更好地對外界做出反應。……大部分非人類物種都可以不靠顯意識的思考能力來生存繁衍，但是沒有一種動物可以脫離潛意識而生存。〔註59〕他說，一些科學家預計，我們只能覺察到大約5%的認知功能，而其餘的95%都游離於我們的覺察力之外，並在我們的生活中施以巨大的影響——簡單地說，就是讓生命延續成爲可能。無論你的大腦做什麼事情，潛意識其實主宰著你的精神活動。〔註60〕

美國東北大學教授、網絡科學研究中心創始人兼主任 Albert Laszlo Barabasi 研究了人類社會行爲信息大數據，他建議人們忘掉那些將生命看做擲骰子或是巧克力盒的比喻，把自己想像成處於自動駕駛狀態的做著美夢的機器人，就會更加接近眞相。〔註61〕他說在過去幾年裏，大數據實驗的結果令人振奮，結果表明，人類的大部分行爲都受制於規律、模型以及原理法則，而且它們的可重現性和可預測性與自然科學不相上下。於是我們不會再把人類的行爲視爲互不相關、隨意偶然的獨立事件。相反，它們應該是相互依存的奇妙大網的一部分，是相互串聯的故事集中的一個片段。人類行爲遵循著一套簡單並可重複的模型，而這些模型則受制於更加廣泛的規律。〔註62〕他認爲人類跟懸浮在水中的花粉微粒其實沒有什麼不同，受到某種跟左右花粉運動一樣神秘原因的驅動，人類大部分時間也是運動不止；不同的是，人類不是受到微小而不可見的原子的撞擊，而是被轉化成一系列的任務、責任以及動機的不可見的神經元的顫動所驅使。〔註63〕

Barabasi 教授研究認爲人類行爲服從冪率分佈、列維模型以及爆發模型，

〔註58〕〔美〕Michael S. Gazzaniga 著，閻佳譯：《誰說了算？自由意志的心理學解讀》，杭州：浙江人民出版社，2013 年 7 月第一版，第 39 頁。

〔註59〕〔美〕Leonard Mlodinow 著，趙松惠譯：《潛意識控制你行爲的秘密》，北京：中國青年出版社，2013 年 5 月第一版，第 37 頁。

〔註60〕同上，第 38 頁。

〔註61〕〔美〕Albert Laszlo Barabasi 著，馬慧譯：《爆發大數據時代預見未來的新思維》，北京：中國人民大學出版社，2012 年 8 月第一版，第 1 頁。

〔註62〕同上，第 13 頁。

〔註63〕同上，第 34 頁。

所有用戶的平均可預測程度都在 93% 左右。這就意味著人們只有 7% 的時間是行蹤不定的，令人意想不到的是，他們的實驗案例中根本沒有預測程度低於 80% 的人。〔註 64〕

又比如 Gazzaniga 說：「意識在後行動在前」。〔註 65〕他講述自己小時候幾次躲避蛇咬的故事。他說自己還根本沒意識到爲什麼，就自動往後跳了出去。當時並未有意識地決定要跳，跳的動作發生在人的有意識批准之前。跳開之後，意識才最終介入，跳起來的眞正原因，是杏仁核內置的對恐懼的自動無意識反應。他認爲人們大部分的處理過程都是無意識自動化進行的，但是我們爲什麼仍然感覺身心合一呢？這個問題的答案來自我們的左半腦。〔註 66〕

這些科學家用大量的證據來說明我們的行爲在很大程度上被那些與生俱來而我們無法控制的原因所決定。那些所謂「靈機一動」「靈感乍現」「情不自禁」「不由自主」「鬼使神差」等等思想和行爲統統不在我們的意志控制之內；不僅如此，我們日常生活中絕大多數思想和行爲統統不在意志的控制之內。

有科學家認爲我們毫無自由意志可言。Dick Swaab 在《我即我腦》的結論部分寫道：「『自由意志不存在』已經不是什麼新概念，在這個認識上，我一點兒也不孤立。……達爾文在其自傳中也得出類似的結論，『環境和教育對人的特徵只具有很小的影響，我們的大部分特徵都是與生俱來的』。」〔註 67〕

Michael S. Gazzaniga 認爲：「解釋器（筆者注：解釋器是左腦中的專門系統，它對我們的感覺、記憶、行動及其之間關係構建解釋）欺騙了我們。它創造了自我的幻覺，有了它，我們人類就擁有了力量感，以爲可以『自由地』決定自己的行爲。」〔註 68〕

加州大學洛杉磯分校神經學博士 Sam Harris 認爲「我的選擇要麼是受制於自然規律的作用，要麼是出於偶然因素的驅動，但無論無何，它都與自由

〔註 64〕〔美〕Albert Laszlo Barabasi 著，馬慧譯：《爆發大數據時代預見未來的新思維》，北京：中國人民大學出版社，2012 年 8 月第一版，第 227 頁。

〔註 65〕〔美〕Michael S. Gazzaniga 著，閭佳譯：《誰說了算？自由意志的心理學解讀》，浙江人民出版社：2013 年 7 月第一版，第 69 頁。

〔註 66〕同上，第 71 頁，第 76 頁。

〔註 67〕〔荷〕Dick Swaab 著，王奕瑤、陳琰璟、包愛民譯：《我即我腦》，北京：中國人民大學出版社，2011 年 9 月第一版，第 329～330 頁。

〔註 68〕〔美〕Michael S. Gazzaniga 著，閭佳譯：《誰說了算？自由意志的心理學解讀》，杭州：浙江人民出版社，2013 年 7 月第一版，第 99 頁。

無緣。」〔註69〕「你的志向、能力以及採取的行動並非源於你自身的主觀意志。」〔註70〕

應當承認，我們的情緒、思想和行為在絕大多數時間的確不是由我們掌控的，但是還有其他一些情況，比如反思、探索等深度思考，以及面對某事採取馬虎或認真的態度是我們可以掌控的嗎？

第四節　意志自由之辯證

如果從地外俯瞰地球上的生命演化史，那人類社會所發生的這一切不都是自然現象的一部分麼？正如我們俯瞰螞蟻王國和蜜蜂王國，雖然它們也有社會分工，存在身份等級，它們製造了精美的巢穴，還有一套成熟的「食品」製造工藝，它們有自己的信息交流系統，而且族群之間還發生戰爭，可是我們從來都不認為它們擁有「智慧」，而只能稱之為「本能」。這說明，**從終極意義上來說，或者說從宏觀角度來看，人類的確是沒有任何自由意志可言**。

我們所有的思想和行為都被某種形而上的力量所操縱著，神秘主義將這種力量稱之為「上帝」，唯物主義將其稱之為「規律」。「規律」或「上帝」操縱我們的第一根繩索就是情慾，第二根繩索是名利，……文學和影視作品永恆的主題之一就是愛情，那正是表明人類所有的愛恨情仇逃不出情慾的控制，我們每天都還在津津樂道而不自知呢！永恆的主題之二便是利益，人們所有的勤奮、努力、奮鬥、上進，那不過是在追逐利益，那不過是在詮釋什麼叫「世間熙熙皆為利來，世間攘攘皆為利往」，不過是在詮釋何為「人往高處走，水往低處流」。如此看來，我們並不比螞蟻和蜜蜂高明多少。

不過，這種否認人擁有自由意志的觀點並沒有否認人的勤奮、努力的意義，並不是說命運既然注定就可以坐享其成，而是說懶惰還是勤奮、聰明還是愚笨已經包含在我們的命運之中了。換句話說，某某人具有什麼樣的命運，這個說法已經包含了他得到這個命運的方式和過程。雖然每個人都是有血有肉，有目的，有情懷，但事實上我們都是命運手中的玩偶。

在終極意義上，世界是確定的，人沒有自由意志可言，人的思想和行為完全在命運的掌控之下。包括預測行為本身，你在某個時間去找某個占師預

〔註69〕〔美〕Sam Harris 著，歐陽明亮譯：《自由意志讓科學為善惡做了斷》，杭州：浙江人民出版社，2013 年 6 月第一版，第 104 頁。
〔註70〕同上，第 109 頁。

測，這個占師是明白人還是騙子，他給你怎麼說以及你怎麼聽，這一切都是命中注定。

　　在**終極意義**上，人類的預測行為只是人的命運發生、發展過程中的一個環節，而命運不可更改。這個意思是說，你在占師的指導下避免了某個災禍的發生，表面上是占師幫助了你，實際上這件事本身就在定數之中。前面野鶴老人挽救了那個打算渡江索債之人的性命的事例正好說明了這個道理。這並不是否認占師的作用，也不是否認預測的作用，而是說災禍可解不可解，全在定數之中。

　　但是，如果不從宏觀角度來談，而只是**從中觀角度、從次級意義，或者說從人類本身來看**，本文更願意把人的智慧（例如創新、反思、推理、探索、發現、自我克制等等），特別是反思能力和對人對事的態度稱之為自由意志。

　　腦科學家研究認為，人的右半腦具有感知因果的能力，左半腦具有邏輯推演的能力，前額葉皮質具有抑制性衝動、攻擊行為和自私行為的能力等等，這些能力連在一起共同構成了人的智慧。正是它們使人類擁有了一定程度的自由意志。

　　當然，具體到每個人，智慧的強弱是不同的，所以人們獲得自由的程度也不同。老子說「自知者明，自勝者強」。所謂自知，指的是反思能力；所謂自勝，指的是克制能力。比方說，你生來是個急脾氣，因為性格的弱點得罪了很多人，辦砸了很多事，你通過反思認識到了問題的嚴重性，你開始修煉、改正。不過江山易改，秉性難移，改正缺點多麼不容易！堅持一天兩天容易，天長日久很難。然而，態度是關鍵，持之以恆的態度更是關鍵。

Gazzaniga 在《誰說了算》中寫道：

　　　　學生要付出額外的努力才能不作弊。……讀了決定論文章的學
　　生們作了弊，而讀了勵志書的學生沒有。究其本質，一種精神狀態
　　影響了另一種精神狀態。……受試者閱讀了決定論文章的段落後，
　　更傾向於做出好鬥行為，不願意幫助別人。學者們認為，自由意志
　　的信念，或許是激勵人控制自私行為衝動的關鍵。〔註71〕

這說明，做事的態度在一定程度上影響了做事的效果。

　　影響人們智慧發揮的重要因素，除了態度之外，還有血糖濃度（指健康

───────────

〔註71〕〔美〕Michael S. Gazzaniga 著，閭佳譯：《誰說了算？自由意志的心理學解讀》，
　　　杭州：浙江人民出版社，2013 年 7 月第一版，第 108 頁。

人，而不是糖尿病患者。筆者注）和專注力。榮獲 2002 年度諾貝爾經濟學獎的普林斯頓大學心理學榮譽退休教授 Daniel Kahneman 認為，態度是可以通過教育糾正的，血糖濃度是可以通過服用含糖飲料補充的，注意力是可以通過訓練提高的。〔註 72〕這一項研究表明，對智慧的發揮有著重要影響的三因素，我們是有辦法施以影響的。如此看來，我們當然擁有一定程度的自由意志。

綜上，筆者認為從次級意義上看人的自由意志是存在的，但十分有限，根據第三節提到的腦科學家和大數據專家的研究成果，我認為在我們所有的思想的行為中自由意志占比大約為 10%，正是因為它太有限，為我們安身立命（盡本分，履職責，不要癡心妄想）提供了依據；正是因為它存在，為我們改造命運，追求更加幸福的生活運提供了可能。

如果從更微觀的角度來看，筆者並不認為只有人才擁有智慧。只能說，人類擁有的智慧程度較高，而動物、植物、微生物根據其等級的不同，擁有智慧的程度越來越低，或者說，它們只是少量擁有智慧的基本元素。

智慧是在大自然中逐步進化的，不是從天而降，不是突然產生，更不是無中生有，而是從簡單到複雜，從低級到高級。智慧的基礎是意識。我認為萬物有靈，心物同構。物質和意識從來都不是誰決定誰，而是相伴而生。簡單的物質有簡單的意識，複雜的物質有複雜的意識。磁鐵吸引和排斥現象表明，電磁感應就是最簡單的意識（或者叫意識的最基本元素）。晶體和化合物能夠生成靠的就是電磁力，這個力量就是最原始的意識，它們有合作或者排斥的欲望。

物質排列的結構不同，表達的意識也不同。從原子、分子，到大分子，

〔註72〕〔美〕Daniel Kahneman 著，胡曉姣、李愛民、何夢瑩譯：《思考，快與慢》，北京：中信出版社，2012 年 7 月第一版，第 27 頁、第 31 頁。原文如下：

在進行積極複雜的認知推理或忙於要求自我控制的任務時，人的血糖就會下降。這種情況和短跑運動員在短跑時肌肉中的葡萄糖儲備量下降是相同的。這一概念的大致含義是，自我損耗的影響能通過注射（或飲用，筆者注）葡萄糖得到緩解……結果是喝了含有代糖飲料的人出現了損耗現象，而喝了含有葡萄糖飲料的人卻沒有。在大腦中儲存一定量的糖，可使自己表現得不那麼糟糕。

俄勒岡大學的一個研究小組從幾個方面研究了認知控制和智力之間的聯繫，包括通過提升對注意力的控制力來提升智力的做法。……測試者發現，注意力訓練不僅提升了這些孩子的執行控制力，而且他們在智力測驗中的筆試成績也提高了，並且這種提升的狀態可以維持幾個月不變。……研究還證明了，兒童控制其注意力的能力和控制其情感的能力之間有著緊密的聯繫。

到蛋白質、DNA 和酶，再到細胞、組織、器官，再到系統，到人體，事物在越變越複雜，意識也在越變越複雜，但是基本原理完全相同，即陰陽的吸引或排斥。

我們人類社會的大組織也同樣擁有意識，只不過我們身在其中而無法感受到。這個道理如同我們身體中的某個細胞根本無法想像在它之外還有一個龐大的有機體，無法想像這個有機體每時每刻在處理著大量的信息。人與（人的）細胞接受到的信息模式不同，所以人與細胞的意識根本不在同一個層級上。社會與社會的細胞（人）接受信息的模式不同，所以人與社會的意識也根本不在同一個層級上。

從微觀上看，智慧的基本元素是物質本來具有的基本特性，而不是被大自然賦予的。智慧的進化從一開始就不是被決定，而是源於主體對客體主動的適應，也即智慧從來就是一種「相互作用」──生物在自然中進化，反過來也在影響和改變自然界。

只要提到相互作用，就不能說一定是誰決定了誰。地球上最原始的生物「藍藻」，由於光合作用而改變了大氣成分，使地球逐漸擁有了大量氧氣，為今後的進化開闢了道路。在這一層意義上，藍藻也是擁有一點點自由意志的，或者說，它擁有自由意志的一點點元素。

總之，人在適應環境的同時也在改造著環境。正是在這個意義上，人不完全受制於命運。

基於以上分析，在本章就要結束之時，筆者想概括一下自己對「命運」的理解以及定義：命運是事物（不管是有生命的還是無生命的）運動過程的客觀規律，塵埃有塵埃的命運，星球有星球的命運，宇宙有宇宙的命運；個人有個人的命運，組織有組織的命運，國家有國家的命運；命運是主體與客體相互作用的產物，如果客體的力量足夠強大，命運就是注定的，如果主體的力量足夠強大，那麼命運是可以選擇的；對於個人來說，命運幾乎是（不完全是）不以個人意志為轉移的。

如此，有些事完全在我們的掌控之中，其結果取決於我們的態度和行為；有些事完全不在我們的掌控之中，我們只好得失隨緣；還有很多事情的成敗，既要看我們的努力程度，還要看歷史的機遇和條件，所以我們要盡人事，聽天命。

總之，辯證地看待自由意志的問題，筆者認為：

　　人幾乎就是命運手中的玩偶，因爲我們不能選擇生，幾乎不能選擇死，從生到死的過程，我們可以選擇的東西十分有限，所有的這些局限，決定了我們人生的大致範圍；因爲我們的性格、體能和智慧在出生之時總體上已經被決定，而生命早期的生存和教育環境，我們卻不能選擇，一個人要突破自己的局限，比較難。

　　但是，人不完全是命運手中的玩偶，因爲命運是人與環境相互作用的產物，人在適應環境的同時也在改造著環境。我們擁有創新、反思、推理、探索與發現、自我克制等等能力，我們大約擁有 10% 的可能去改變自己的命運。

　　我們的行爲在多數情況下是一種自動反應，它是不假思索的。然而，人們擁有「三思而行」的能力。如果你能夠盡可能地三思而行，那麼你就盡可能多地掌握命運。

　　人們的態度會影響行爲。相信自己可以掌握命運和認定自己如同行屍走肉，這兩種截然不同的態度一定會帶來不同的命運。

　　戒煙限酒，潔身自好；均衡飲食，適當鍛鍊；辦事認眞，專心致志。這些都可以增長我們的智慧，改善我們的命運。

　　多讀好書吧！人與人智慧的程度不同，擁有自由意志的多少當然也不同。經常讀智者的書，受到智慧的滋養，吸收他們的能量，你就可以改善命運。

　　《易傳》說得好，「善不積不足以成名，惡不積不足以滅身。小人以小善爲無益而弗爲也，以小惡爲無傷而弗去也，故惡積而不可掩，罪大而不可解。」〔註 73〕「積善之家，必有餘慶；積不善之家，必有餘殃。」〔註 74〕這兩句話都有一個「積累」的「積」字，須知改善命運不在一朝一夕，而在天長日久。從一念向善到念念向善，改善命運的道路自然是山高路遠！

　　對於實在無法改變或者暫時無法改變的處境，我們要像《易傳》說的那樣「樂天知命，故不憂」〔註 75〕，要像《莊子》說的那樣「知其不可奈何而安之若命，德之至也」〔註 76〕，要像《論語》說的那樣，雖然知道命運的限

〔註 73〕　陳鼓應、趙建偉注譯：《周易今注今譯》，北京：商務印書館，2005 年 11 月第一版，第 661 頁。

〔註 74〕　同上，第 44 頁。

〔註 75〕　同上，第 593 頁。

〔註 76〕　〔晉〕郭象注，〔唐〕成玄英疏：《莊子注疏》北京：中華書局，2011 年 1 月第一版，第 85 頁。

制，依然努力積極進取，「不怨天，不尤人」〔註77〕，「其為人也，發憤忘食，樂以忘憂，不知老之將至。」〔註78〕

如果真像莊子那樣齊生死、齊萬物，妻死莊子鼓盆而歌，那我們就萬事隨緣，安時處順吧。或者像野鶴老人和邵康節先生那樣參透人生，吉凶自在，「安於正寢者，雖有可避之方，亦不須避」，「不怕二程夫子笑，要作神仙不甚難。故曰：可避而不避也。」〔註79〕

概言之：當人任由性情做事，他便是命運手中的玩偶；當人的理性覺醒，並自覺修煉而不斷強大，人便在一定程度上掌控了命運。

小結

從六壬課、金錢卦的成卦（課）的過程可以看到：看似偶然的事情反映的卻是必然的趨勢，看似無意的念頭卻又是事情必然性的反映。那麼，命運存在嗎？這個世界是確定的嗎？我們擁有「自由意志」嗎？

古聖先賢普遍認為命運是存在的，本文認為命運問題的本質是偶然性與必然性的問題，是人究竟是否具有自由意志的問題。然而這些問題沒有標準答案，要看從什麼層次、什麼角度來討論，來回答。一般來說，我們把搞不清原因的事情稱之為偶然，而把具有因果關係的事情稱之為必然；把不可思議的事情稱之為偶然，而把意料之中的事情稱之為必然。

本文進一步討論了人們是否擁有自由意志的問題。筆者認為，我們的意志顯然是不自由的，受著各種客觀和主觀的限制。但是，人的意志究竟是不是完全不自由，要看從什麼角度來討論。**從終極意義上來說，或者說從宏觀角度來看**，人類的確沒有任何自由意志可言，我們所有的思想和行為都被某種形而上的力量所操縱著，神秘主義將這種力量稱之為「上帝」，唯物主義將其稱之為「規律」。「規律」或「上帝」操縱我們的第一根繩索就是情慾，第二根繩索是名利，……人類所有的愛恨情仇逃不出情慾的控制，人們所有的勤奮、努力那不過是在追逐利益。如果只是**從中觀角度、從次級意義，或者**

〔註77〕〔清〕阮元校刻：《十三經注疏》五《論語》，北京：中華書局，2009年10月第一版，第五四五九頁。

〔註78〕同上，第五三九二頁。

〔註79〕〔清〕野鶴老人著，鄭同點校：《京氏易精粹》3《增刪卜易》，北京：華齡出版社，2010年3月第一版，第二一二頁。

說從人類本身來看，本文更願意把人的智慧（例如創新、反思、推理、探索、發現、自我克制等等），特別是反思能力和對人對事的態度稱之爲自由意志。**然而即使如此，人的自由意志仍然十分有限**，在我們所有的思想和行爲中自由意志占比大約爲 10%。**如果從更微觀的角度來看**，筆者並不認爲只有人才擁有智慧。只能說，動物、植物、微生物根據其等級的不同，擁有智慧的程度越來越低。生物在自然中進化，反過來也在影響和改變自然界。正是在這個意義上，人不完全受制於命運。

　　如此，有些事完全在我們的掌控之中，其結果取決於我們的態度和行爲；有些事完全不在我們的掌控之中，我們只好得失隨緣；還有很多事情的成敗，既要看我們的努力程度，還要看歷史的機遇和條件，所以我們要盡人事，聽天命。

第十章　也談「善易者不卜」——兼談如何識別江湖騙術

通過以上諸章節的分析討論，我們已經知道雖然大六壬正式形成在西漢晚期至東漢早期，但是其起源於至少 7500 年前的新石器時代。古人仰觀天象，俯察地理，遠取諸物，近取諸身，從而形成一套象數體系來模擬天地和人事的變化，來實現預測未來的目的。

從心智哲學的角度分析，大六壬等數術起源於動物趨吉避凶的本能，更起源於人類理性的萌芽和智慧的開啓。人們以直覺和聯想形式感受到氣生萬物、同氣相求的道理，以靈性領悟到事情的吉凶預兆，並適當調整行為來趨吉避凶。

在認識天地萬物和人類自身的過程中，在生產生活趨吉避凶的實踐中，先哲總結出「善為易者不占」的道理。〔註1〕這句話該如何理解？歷來存在爭議。有人說精通易占的人根本不拘泥於占卜的形式，只要隨機取天地萬物之象，即可查驗吉凶。這種看法不能算錯，但筆者認為還有更深一層的意思：精通易理的人已經通達了天地人生的智慧，認識了吉凶禍福相互依存、相互轉化的道理，看破了生死，參透了玄機，凡事只求心安理得，也就不需要占卦了。

像莊子那樣齊生死、齊萬物的智者，在妻子死後卻鼓盆而歌，祝賀逝者早得超生。這樣的大智慧根本不需要占卜。

〔註 1〕〔清〕王先謙撰：《荀子集解》，北京：中華書局，2012 年 3 月第一版，第 490 頁。其原話為「善為《詩》者不說，善為《易》者不占，善為《禮》者不相，其心同也。」

　　或者像孔子那樣：「吾求亓德而已。吾與史巫同途而殊歸者也。君子德行焉求福，故祭祀而寡也；仁義焉求吉，故卜筮而希也。祝巫卜筮其後乎！」〔註2〕他的意思是說，我探求的是卦象中的仁德，我與史巫目的不一樣，史巫靠占卜知道吉凶，我認為君子以仁德求吉凶，所以不熱衷於占卜，不依賴於祭祀。所以巫祝靠占卜的方法來趨吉避凶對於君子來說是次要的。

　　或者像野鶴老人和邵康節先生那樣的占卜高手所說：「安於正寢者，雖有可避之方，亦不須避」，「不怕二程夫子笑，要作神仙不甚難。故曰：可避而不避也。」〔註3〕常人一般都知道趨吉避凶，但是占卜高手以一生的實踐經驗瞭解到吉凶自有定數，即使知道了災禍，也知道如何避免而並不刻意去避免，豁達大度，向死而生！

　　本人在二十多年數術學的學習、研究和實踐中，也正在領悟靠近莊子、孔子、野鶴老人和邵康節先生的精神境界。但是本研究絕不否認趨吉避凶的意義，也絕不提倡普通人輕易地看破生死。否則，科學家預測暴風雨、龍捲風、洪水、地震，提出預警來保護廣大人民的財產和生命安全的意義在哪裡呢？因此，少數人追求成為聖人、真人、高人是有價值的，多數人成為普通人也是有價值的，要普通人達到莊子、孔子、野鶴老人和邵先生的精神境界畢竟不大容易。

　　本文肯定數術預測的價值，但同時也要強調濫用占卜有害。下面筆者就以自己多年的數術學研究和實踐的經歷來談談濫用占卜的害處。

　　濫用占卜最大的危害是褻瀆「神靈」，導致問卜人要麼藐視權威，目無尊長，要麼智慧退化，精神匱乏。這裡的「神靈」並非是指世上真有神靈，而是指我們的智慧和精神。這種濫用又分幾種情況。

　　第一種情況是指問卜者毫無虔敬之心。記得有這麼一個故事：一少年手握麻雀問智者，麻雀是生是死？智者笑而不答。少年的本意是挑逗智者：你如果說是活的，我就把它捏死；你要說是死的，我就把它放飛。我們知道，占卜的前提是心念專注，務必虔誠。而這個少年不僅不虔誠，反而在挑逗，這種態度即是褻瀆神靈。生活中有一些人是不相信占卜可以決疑的，帶著這

〔註2〕　裘錫圭主編：《長沙馬王堆漢墓簡帛集成》三《周易經傳·要》，北京：中華書局，2014年6月第一版，第一一六頁。

〔註3〕　〔清〕野鶴老人著，鄭同點校：《京氏易精粹》3《增刪卜易》，北京：華齡出版社，2010年3月第一版，第二一二頁。

樣的心念去問事，那其實不是在求問，而是在考問，所以智者是沒有辦法給予回答的。**這種褻瀆神靈的心態其實很有害。**孔子說：「君子有三畏：畏天命，畏大人，畏聖人之言。小人不知天命而不畏也，狎大人，侮聖人之言。」這種對天命、對神靈毫無敬畏的態度必然導致自我膨脹，天不怕、地不怕，發展下去實在危險。

第二種情況是指事無鉅細都要迷信占卜。如果說前面少年問麻雀生死的例子屬於「無疑而卜」的戲弄，那麼生活中的確還有一種少年問麻雀生死屬於「有疑而卜」的愚蠢。麻雀的生死完全掌握在我們手中，真有疑惑需要占卜嗎？生活中有一些事情的結果完全取決於我們的行為，但是有一些人大概是患上了「占卜依賴症」，最極端的例子是早飯該吃饅頭還是該吃米飯都拿不定主意，也要靠占卜來決定。古人說「卜以決疑」是指遇到了智慧解決不了的問題才用占卜的結果作參考。如果大事小事都要靠占卜來決定，那麼智慧一定退化，精神一定匱乏。智慧退化一定不明事理，不明事理已經是凶兆了，還求什麼趨吉避凶呢？精神匱乏是指一個人沒有精神寄託，內心缺少力量，這就如同沒有方向的船，同樣很危險。值得一提的是「占卜依賴症」患者有一個行為特點叫做「預測的自我實現」，他們受到了預測的提示而採取了某種行為，最後「果然」實現了那個「願望」，於是感慨預測很靈驗！這種思想和行為屬於典型的迷信。每每碰到這樣的情況筆者都要規勸一番，點醒了部分人。如果有符合這種情況的讀者朋友有緣讀到這一段經驗教訓之談能夠有所醒悟和借鑒的話，就不枉我一片苦心了。

第三種情況是指同一件事情占問多次，第一次不符合心意就再占，還不符合心意又繼續占。這實際不是在問吉凶，而是在求安慰，而「神靈」對此並不允許。《周易·蒙》：「初占告，再占瀆，瀆則不告。」〔註4〕意思是說同一件事問一次已經得到啟示了，反覆問即是褻瀆神靈，就不會得到答案或者會得到錯誤的答案。

濫用占卜第二個危害是針對占師說的，洩露天機太多可能會承受許多負能量。《列子·說符》：「察見淵魚者不祥，智料隱匿者有殃。」〔註5〕《顏氏家訓》也有類似說法：

〔註4〕陳鼓應、趙建偉譯注：《周易今注今譯》，北京：商務印書館，2005年11月第一版，第62～63頁。

〔註5〕楊伯峻撰：《列子集釋》，北京：中華書局，2016年4月第一版，第二六一頁。

世傳云：「解陰陽者，爲鬼所嫉，坎壈貧窮，多不稱泰。」吾觀近古以來，尤精妙者，唯京房、管輅、郭璞耳，皆無官位，多或罹災，此言令人益信。〔註6〕

這個問題筆者還沒有找到方法來驗證，但是從邏輯上分析是有道理的。因爲如果人眞的具有自由意志，占師爲人趨吉避凶即是介入了別人的因果，別人憑什麼來得到「吉」或者避開「凶」呢？根據能量守恆的原則，占師要替人承擔因果的。仔細想一想古往今來許多有名的占師並未獲得善終，**或許**與此有關。比如春秋時星占大師萇弘車裂而死，精通式占的伍子胥被吳王賜死，西漢易學大師京房 41 歲被處死，東晉預測大師郭璞 49 歲被王敦殺害，元代精通陰陽的曹震圭被剝皮而死，明代開國軍師劉伯溫能掐會算卻 61 歲被人下毒謀害。應該說，以上統計並不全面，並**不能肯定**不得善終是洩露天機過多引起的，因爲精通數術而獲得善終的人也很多。但是這些例子的確說明吉凶自有定數，趨吉避凶並非總能有效，躲不過的凶災連易學大師也不能幸免。

對於目前看來既不能證實也不能證僞的問題，我們寧可信其有，所以應該少去爲別人占卜，少去介入別人的因果。「察見淵魚者不祥，智料隱匿者有殃」這句話應該是有道理的。

最後筆者想要簡單評論一下當前國內的預測市場，客觀的說這個市場不缺有本事、有良心、有職業操守的高手，但是本文主要談問題——目前國內的這個市場缺乏有效的監管，魚龍混雜，**騙**子不少。在國內許多地方江湖騙子靠看相算命打卦行騙已經成爲事實。在北京某宮觀門口算命的香火不斷，工商部門將其查封之後不多久又死灰復燃。有記者暗訪將其中的騙人把戲披露上了電視，聳人聽聞。

當前政府有關部門對這個市場是一刀切的禁止，事實上卻禁而不止。爲何禁而不止？原因很多。一是因爲命運是一個客觀存在，絕大多數的人，不論是仕宦商賈還是販夫走卒，不管是明星大腕還是白領工薪，都可以在生活經歷中感受到命運的存在，並非算命被禁止，命運就消失了。二是因爲人類有趨吉避凶的本能，民眾有預測未來的願望，所以江湖才會滋生靠占卜謀生的術士，所以才會形成一個市場。又因爲有關部門缺乏有效的管理（一刀切

〔註 6〕 王利器撰：《顏氏家訓集解》，北京：中華書局，2014 年 9 月第一版，第 551 頁。

的禁止卻又禁而不止已經說明管理無效了），所以這個行當騙子多。

面對這個問題，政府靠堵、靠打壓是行不通的，而應該傚仿有些國家和地區將這個行當管理起來。其實要管理這個市場並不難，筆者簡單列幾條意見。第一是職業培訓，可以在有關高校或研究院或道觀開設相關課程，從業人員學習合格之後頒發畢業證書。第二是經人力資源和社會保障部門開展從業資格培訓和考核，合格者頒發職業資格證書。第三是經工商部門批准營業，店面必須張貼從業規範，包括預測的程序規定、收費標準、舉報電話等等。將這個行當眞正管理起來，才可能有效打擊江湖騙術。

在有效的監管還沒有建立起來之前，防止上當受騙主要靠我們自己。本文想披露一下江湖騙子慣用的伎倆，供有緣的讀者借鑒參考：

其一是製造恐怖氣氛。騙子說你某年有血光之災（或者其他什麼大災），需要破解。怎麼破解呢？一是騙錢，你得花數額不菲的錢（數千至數萬元）去購買他的破解產品，所謂風水寶物，化煞解災。事實上，風水化煞並非花錢越多越有效果。還有一種慣用的騙錢術是購買一種金元寶（手工將一張 16 開的金黃色錫箔紙折疊成元寶形狀），要購買數千個花費數萬元，按照騙子的要求（或者他直接幫你）在某日某時某地燒掉。或者購買騙子的保平安產品，保祐一人、二人、全家人價格不等，層層加碼。一般普通人哪裡經受得了這種恐嚇驚嚇？！多數人會掏腰包，以爲破財可以免災。二是騙色，騙子物色迷信的女士，說她身上有陰邪，有晦氣，需要給身體開光，諸如此類。還有一些巫術類的騙術，所謂跳大繩、過陰一類，本人不瞭解其中的名堂，不便評說。

筆者想要提醒的是，如果眞的從課象、卦象或者八字流年看出某人有災，眞正有效的化解是從行爲上加以防範，如野鶴老人在《趨避章》說：「若占得死於水者，莫近河旁；死於刑者，不可違條犯法，未有不化凶而爲吉也。」〔註7〕

第二類騙術是與製造恐怖氣氛相反，騙子盡說一些吉利話哄人開心（你開心了就會高高興興掏錢），或者跟你說一些模棱兩可的話。比如他說你慈眉善目，但心氣很高，看得上眼的人你就會跟他好，看不上眼的人，你都懶得理。又比如他說你性格穩重略帶急躁，爲人大方但有時候也有些吝嗇，處事

〔註7〕〔清〕野鶴老人著，鄭同點校：《京氏易精粹》3《增刪卜易》，北京：華齡出版社，2010 年 3 月第一版，第二一二頁。

得體但有時候也會有些魯莽，等等。仔細想一想，這些話其實對大多數人都管用。這種騙子在旅遊場所、道觀寺廟周圍遊走，騙取遊客香客的彩頭錢，反正是一錘子買賣，事後你很少有機會再碰到他了。

筆者想提供一條根本識別騙子的方法。大家要知道，符合規範的預測是先說你的過去和現狀。只根據卦象、課象或生辰八字，真正的高手會點到具體的年份大致發生了什麼類型的事，會描繪出你最近遇到的事情的大致狀況，你最多給予兩到三次的信息反饋，高手就能夠知道你的癥結所在，給你正確指引。而騙子，或者二把刀絕無這個本事。一個有德行的高手，會給你行為和思想的指引來避免一些災禍和麻煩，而不是開價數千數萬讓你購買風水化煞物件或是保平安、開光物件之類。

最後要提到一篇文章叫《英耀篇》，網絡上就可以查到，專門講江湖騙子如何揣摩顧客的心思來達到套取錢財的目的。大家可以讀一讀，希望讀者朋友提高識別能力，避免上當受騙。

寫到這裡，本課題就算結束了。真心祝願每一個人都能夠把握自己的人生，獲得心中的幸福！

結論及展望

　　祖先從蒙昧中走來，理性逐漸開啓，智慧逐漸萌芽。天上那個明晃晃的東西是什麼？祂每天東升西落，照耀萬物。夜晚那個亮晶晶的東西是什麼？祂圓了又缺，缺了又圓。我從哪裡來？萬物從哪裡來？北天極是否住著一位操縱天地的神仙？

　　祖先對這個世界很著迷，對自己的身體很好奇。他們的智慧在一天天增長，知識在一天天積累，並代代相傳。

　　中國傳統哲學最核心的部分便是天人之學。《易傳》說得好，「古者包曦氏之王天下也，仰則觀象於天，俯則觀法於地，觀鳥獸之紋與地之宜，近取諸身，遠取諸物，於是始作八卦，以通神明之德，以類萬物之情。」數術正是祖先認識天地萬物、認識自身的產物，從數術學來瞭解天人之學是一個很好的角度。大六壬作爲傳統數術的重要代表，有著非常古老的起源，其正式形成在西漢末東漢初，並一直流傳到現代。可以說，大六壬是瞭解中國古代思想史和哲學史、瞭解中國天人之學的活化石。

一

　　本研究認爲：圭表測影可以知時節，北斗是天上的大表，奎宿是天上的大圭。7500 年前，當太陽運行到奎宿，正是多至寒冷時節。太陽這個極陽之物走到奎宿這個極陰之地，陰陽一交合，新的生命便開始了。多至陰極而陽生，先民在多至時節舉行祭天大禮，祈求農業豐收也祈求人丁興旺。六畜中豬的生殖力最強，所以先民把奎宿當做天上的大豬，表達生殖崇拜。而北斗被先民尊奉爲生養萬物的上帝，所以代表生殖崇拜的豬便與北斗有了實質性

－249－

的聯繫，因此，先民用豬來比附北斗，表達對生命繁衍和萬物起源的崇拜。大六壬正是起源於 7500 年前的中國上古天文學，「壬」、「九天玄女」都由天上的奎宿「豬神」演變而來，都具有萬物起源的含義，而中國哲學的基本觀念「天人合一」也正是起源於此。

本研究認為：大六壬中的神煞系統是先民鬼神崇拜的遺留，其中最重要的一位大神「天一貴神」起源於 5000 年前的北極星神（上帝）崇拜。由於歲差的作用，到西周初年北天極明顯向西北傾斜（天傾西北），至戰國、秦漢年間進一步傾斜，人們無法解釋這個現象，便杜撰了「共工觸不周山」的神話傳說。戰國初期，石申夫用「天一」和「太一」重新命名了 5000 年前的兩顆極星，「天一」和「太一」作為神名逐漸被人們接受。至尊的上帝被冠名以數字「一」，這既是天極轉移的結果，也是人們思辨能力提升的結果。先民認為人的命運受制於鬼神的思想正在悄悄發生變化。「萬物起於數」，一場新的思想革命正式拉開了帷幕。

本研究追溯了大六壬「日在加時」占法的起源和流變，認為西周晚期至春秋早期形成了月相與二十八宿相結合的月宿曆法，人們已經懂得用月宿紀日，彼時可能已經形成了「月宿占法」，這是「日在加時」占法的原始形式。至遲在戰國晚期形成了「日在加時」占法的早期形式。至西漢，「日在加時」占法逐步完善，產生了十二月將雛形。在西漢末東漢初，「日在加時」占法成熟並形成了十二月將，以《三統曆》節氣月作為換月將的標準。直到唐一行在《大衍曆》頒行時將月將的起訖點由節氣變更為中氣，並一直流傳到後世。在以上研究的基礎上，本文對《龜策列傳》宋元王占夢的原文進行了釋讀，認為清人錢大昕、張文虎和近人嚴敦傑三位先生都將式占的時間定為冬至後子月是錯誤的。占文中「宿在牽牛」並非指日躔牽牛，而是指月離牽牛，這裡用的是月宿占法。從大六壬「日在加時」占法的演變，我們可以看到中國古代天文學發展的脈絡，並對數術學的迷信和科學思想有所體會。

本研究討論了傳世文獻記載的「天一貴神」三種主要的算法，認為《通書》記載的出自東晉學者郭璞的天一貴神算法是東漢時期大六壬占法正式形成時的原始算法，至遲在六朝時期被簡化。本文解析了天一貴神算法的原理，認為其體現了春秋戰國以來陰陽刑德思想的演進，體現了「日」與「北斗」運行的具象關係（地支六合）和抽象關係（天干五合）。本文認為天干五合的思想至少在戰國中期就已經存在，而天干五合化氣源於干支紀曆，在戰國中

晚期已經具備了產生的條件。彼時紀曆很可能是以甲子年、甲子月、甲子日、甲子時爲起點的，這爲我們探索戰國秦漢年間的紀曆方法提供了比較重要的線索。

通過以上諸問題的研究，本文進一步討論了大六壬的最終形成。本文結合傳世文獻《黃帝龍首經》與出土文獻馬王堆帛書《陰陽五行甲篇・堪輿》和北大藏西漢竹書《揕輿》篇的有關內容，對比研究認爲大六壬的占法中還包含古堪輿術的元素。此外，從周家臺秦簡《日書》中我們可以看到二十八宿占法，這顯然是日在加時占法的早期形式。本研究認爲大六壬占法是吸收了包括古堪輿家、天一家等術家中的有關要素再加上月宿占法和日在加時占法而綜合形成的。大六壬的起源甚早，最終形成在西漢晚期和東漢早期之間。

二

本文通過多種數術的對比研究認爲，人類的認知模式具有二重性，本文將這兩種認知模式形成的圖景稱爲「心靈造出的世界」和「心靈世界的投影」，進一步研究發現這二重認知模式都是以解讀者能夠理解的方式呈現。而且「心靈世界的投影」以腦電波爲物質基礎，實現了對客觀世界的模擬，占師用一套運算法則可以對現實世界未來發展方向進行預測。

古人認爲萬物有一個共同的起源，那就是「氣」，古人體悟出「氣生萬物」和「同氣相求」的道理，並以此爲基礎形成了一套象數知識體系。本文借用今天的科學技術成果解釋了「氣生萬物」和「同氣相求」原理。古人所說的「氣」正是指微觀世界的原子、分子，所謂「同氣相求」正是元素週期律、生物全息律、隱秩序和分形原理所揭示的世界的客觀規律。本文進一步揭示出事物和事件是同一個「東西」的不同呈現；事物的形成之初早有端倪出現，事件的發生之前早有信息抵達；萬物皆振動，越具體的同類事物的共振發生在越具體的時空之中，越抽象的同類事物的共振越超越具體的時空。我們對某件事情的念頭越專注，就越容易與那件事本身發生共振，帶著這個專注的念頭所搖的卦或占得的六壬課便與我們的念頭發生了共振，於是三者同時共振，這便是大六壬等數術預測的機理。本研究指出榮格「共時性原理」並非「有意義的無因果關係的巧合」，而恰恰是具有因果關係的「同氣相求」。

從大六壬等數術形成課象（或卦象）的過程可以看到：看似偶然的事情反映的卻是必然的趨勢，看似無意的念頭卻又是事情必然性的反映。本文認

爲命運問題的本質是偶然性與必然性的問題，是人類究竟是否具有自由意志的問題。然而這些問題沒有標準答案，要看從什麼層次、什麼角度來討論，來回答。從終極意義上來說，或者說從宏觀角度來看，人類沒有任何自由意志可言，我們所有的思想和行爲都被某種形而上的力量所操縱著，這種力量操縱我們的第一根繩索就是情慾，第二根繩索是名利。如果只是從中觀角度、從次級意義，或者說從人類本身來看，本文更願意把人的智慧（例如創新、反思、推理、探索、發現、自我克制等等），特別是反思能力和對人對事的態度稱之爲自由意志。如果從更微觀的角度來看，筆者並不認爲只有人才擁有智慧。只能說，動物、植物、微生物根據其等級的不同，擁有智慧的程度越來越低。生物在自然中進化，反過來也在影響和改變自然界。正是在這個意義上，人不完全受制於命運。

最後，本文認爲「善爲易者不占」的含義是說：精通易理的人已經通達了天地人生的智慧，認識了吉凶禍福相互依存、相互轉化的道理，看破了生死，參透了玄機，凡事只求心安理得，也就不需要占卦了。但是本研究絕不否認趨吉避凶的意義，也絕不提倡普通人輕易地看破生死。本文同時也強調濫用占卜有害。生活中有的人患上了「占卜依賴症」，這是典型的迷信，迷信就容易受騙。本文披露了一些江湖騙術並提供了識別騙子的方法。對於如何監管這個市場，本文提出了意見建議。

概言之，本書從數術的角度考察了中國古人對天人關係的理解，研究了大六壬占法的天文學和心智哲學原理，考證了中國哲學「天人合一」、「氣生萬物」、「同氣相求」等重要範疇的起源、形成或應用。這是一次有意義的嘗試。

三

（一）心靈感應現象、第六感現象出現在史料記載中，也出現在我們的日常生活中，這並不是新鮮事，目前已經引起了腦科學和神經科學專家的注意，並取得了階段性成果。讓我們期待腦科學、神經科學、行爲科學和量子物理學的不斷進步來最終解答意識的奧秘，來解釋目前看來諸多奇怪的精神現象。

（二）本研究第七章，筆者從大六壬等數術實踐中發現人類的認知模式具有二重性，本文將這兩種認知模式形成的圖景稱爲「心靈造出的世界」和

「心靈世界的投影」，進一步研究發現這二重認知模式都是以解讀者能夠理解的方式呈現。這種現象在文獻和實踐中都可以找到證據，但是其機理還有待科學的進一步發展來解釋。

（三）科學技術的進步使人在「天人關係」中似乎越來越主動。人們在大自然面前越來越自信，人定勝天嘛！然而，環境危機、能源危機並不容樂觀，種族歧視、局部戰爭、恐怖襲擊也並未停止，人類的疾病花樣翻新也從未減少；同時，社會發展速度越來越快，人與人的競爭越來越激烈，人們的心理壓力越來越大、心理疾病越來越多。人類需要反思：我們要把地球變成什麼樣子？要把自己變成什麼樣子？人類的命運將會如何？我們該怎樣發展科學技術？我們該如何構建人類命運共同體？這些問題依然是「天人關係」的問題，讓我們一起貢獻智慧吧！

附　錄

附錄 1：秦漢年間歲首日月合朔入宿度之估算

　　我們知道一個回歸年大約是 365.25 日，一個太陰年（十二個朔望月）大約是 354 至 355 日（大月 30 日，小月 29 日），我們就按照差 11 日計算，古人以日行一天為 1 度，則差 11 度。根據張培瑜先生的研究，秦及漢初的曆法都是按照 19 年 7 閏（3、6、9、11、14、17、19）的規律年終置閏，閏月稱為後九月。[註1] 又據殷滌非介紹，與西漢汝陰侯墓六壬式盤同時出土的還有一件太乙九宮占盤和一件觀測天象的儀器，儀器上有二十八宿距度，其中虛宿 14 度、危宿 6 度、營室 20 度、壁宿 15 度。

　　秦漢年間使用顓頊曆，根據《淮南子・天文訓》、《後漢書・律曆志》記載，顓頊曆立春起於營室 5 度，參照張培瑜《三千五百年曆日天象表》，秦始皇三十三年（前 214 年）正月氣朔齊同，我們就從營室 5 度出發，按照 19 年 7 閏（年終閏）的規律來**粗略**計算一下前 214 年以後 19 年的正月朔日日月交會的位置（精確的計算要複雜得多，但是對於我們要探討的問題顯然沒有必要）。計算結果見下表：

〔註 1〕　張培瑜：《根據新出曆日簡牘試論秦和漢初的曆法》，《中原文物》，2007 年第
　　　　　5 期。

秦代正月合朔入宿度估算樣表

年度（公元前）	星宿 距度	虛 14度	危 6度	營室 20度	壁 15度	年底置閏（後九月）
		→ 太陽運行方向 →				
214	正月日月合朔位置〔入宿度〕			5度		
213			初度			大月30日
212				13度		
211				2度		
210		11度				小月29日
209				9度		
208			4度			大月30日
207				17度		
206				6度		
205			1度			小月29日
204				13度		
203				2度		
202		11度				大月30日
201				10度		
200			5度			
199		8度				大月30日
198				7度		
197			2度			大月30日
196				15度		

附錄 2：第四章　表 4-6

表 4-6

睡甲《星》	睡乙《官》	孔簡〔星官〕
角，利祠及行，吉。不可蓋屋。取（娶）妻＝（妻，妻）妬。生子，為【吏】。68 正壹	八月： 角，利祠及【行】，吉。不可蓋室。取（娶）妻＝（妻，妻）妬。生子＝（子，子）為吏。96 壹	【八月角】，▨蓋屋。取（娶）妻，妻妬。司□〔註2〕。以生▨四九
亢，祠、為門、行，吉。可入貨。生子，必有爵。69 正壹	亢，祠、為門、行，吉。可入貨。生字，必有爵。97 壹	亢，▨□室、為門、取（娶）妻、嫁女、入貨、生子，皆吉。五〇
牴（氐），祠及行、出入貨，吉。取（娶）妻＝（妻，妻）貧。生子，巧。70 正壹	九月： 氐，祠及行、出入【貨】，吉。取（娶）妻＝（妻，妻）貧。生子，巧。98 壹	九月氐，□□□□可以出貨、畜生（牲）不可以取（娶）妻、嫁女。同□▨五一
房，取（娶）婦、家（嫁）女、出入貨及祠，吉。可為室屋。生子，富。71 正壹	方（房），取（娶）婦、家（嫁）女、出入貨，吉。可以為室。生子，寡。祠，吉。99 壹	房，利取（娶）▨祠，吉。可為室屋。以生子，富。五二
心，不可祠及行，凶。可以行水。取（娶）妻＝（妻，妻）悍。生子，人愛之。72 正壹	十月： 心，不可祠及行，兇（凶）。可以水。取（娶）妻＝（妻，妻）悍。生子，人愛之。100 壹	【十月】心，不可祠祀、行，凶。利以行▨以生子，人愛之。而可殺犧〔註3〕，可以齎史。五三
尾，百事凶。以祠，必有敦（憝）。不可取（娶）妻。生子，貧。73 正壹	尾，百事兇（凶）。以祠，必有敦（憝）。不可取（娶）妻。生子，貧。101 壹	尾，百事凶。以祠祀，必有敗。不□取（娶）妻。司亡。以生子，必貧。不可殺犧。五四
箕，不可祠。百事凶。取（娶）妻＝（妻，妻）多舌。生子，貧富牛。74 正壹	箕，不可祠。百事兇（凶）。取（娶）妻＝（妻，妻）多舌。生子，貧富牛。102 壹	箕，不可祠祀，百事凶。取（娶）妻、妻□□。司棄。以生子，貧富牛。五五
斗，利祠及行賈＝（賈，賈）市，吉。取（娶）妻＝（妻，妻）為巫。生子，不盈三歲死。可以攻伐。75 正壹	斗，利祠及行賈＝（賈，賈）市，吉。取（娶）妻＝（妻，妻）為巫。生子，不到三年死。不可攻。103 壹	十一月斗，利祠及行、賈市，吉。取（娶）妻，妻為□□□以生子，不贏三歲死，可以功（攻）伐、入奴婢，馬牛。五六
牽＝（牽牛），可祠及行，吉。不可殺牛。以結者，不擇（釋）。以入【牛】，老一。生子，為夫＝（大夫）。76 正壹	牽【牛，可祠及行】〔註4〕，吉。不可殺牛。以桔（結）者，不擇（釋）。以入牛，老一。生子＝（子，子）為夫＝（大夫）。104 壹	牽牛，利以祠祀及行、入貨、馬□□▨□為嗇夫妻。五七

〔註2〕　孔簡整理小組懷疑此字為「馬」字，並引《開元占經》卷六十引《春秋緯》「角主兵」，認為與司馬相合，詳見《隨州孔家坡漢墓簡牘》第 135 頁。陳炫瑋《孔家坡漢簡日書研究》第 34 頁亦引用。

〔註3〕　簡五三、五四的未識字釋文原未作隸定，王貴元據圖版隸定為「犧」，可從。詳參王貴元《讀孔家坡漢簡劄記》，簡帛網，2006 年 10 月 8 日。

〔註4〕　【牛，可祠及行】，原釋文作「牛，【可祠及行】」，據圖版改。

須女，祠、賈市、取（娶）妻，吉。生子，三月死，不死毋（無）晨（骨）〔註5〕。77正壹	十二月：嫛=（嫛女），祠、賈市、取（娶）妻，吉。生子，三月死，毋（無）晨（骨）〔註6〕。105壹	十二月嫛女，利祠祀、賈市，皆吉。以生☐☐毋（無）辰。司命。以亡者，不盈五歲死。不可取（娶）妻嫁女。雖它大吉，勿用。五八
虛，百事凶。以結者，易擇（釋）。亡者，不得。取（娶）妻=（妻，妻）不到。以生子，毋（無）它同生。78正壹	虛，百事【凶】，以結者，易擇（釋）。亡者，不得。取（娶）妻=（妻，妻）不到。以生子，毋（無）它同生。106壹	虛，百事凶。以結者，易☐☐☐☐取（娶）妻，妻不到。司死。以生，毋（無）它同生。不可取（娶）妻、嫁女。雖它大吉，勿〔註7〕用。五九
危，百事凶。生子，老爲人治也，有（又）數詣風雨。79正壹	【危】，百事兇（凶）。生子，老爲人治也，數詣風雨。107壹	【危】，☐☐☐☐數詣風雨，大凶。六〇
營=（營室）〔註8〕，利祠。不可爲室及入之。以取（娶）妻=（妻，妻）不寧。生子，爲大吏。80正壹	正月：營=（營室），利祠。不可爲室及入之。以取（娶）妻，不寧。生子，爲吏。80壹	正月營室，利祠。不可爲室及入之。以取（娶）妻，不甯。司定。以生子，爲大吏。六一
東辟（壁），不可行。百事凶。以生子，不完。不可爲它事。81正壹	東臂（壁），不可行。百事兇（凶）。以生子，不完。不可爲它事。81壹	東辟（壁），不可行，百事凶。司不（府）。以生子，不完。不可爲它事。六二
奎，祠及行，吉。以取（娶）妻，女子愛而口臭。生子，爲吏。82正壹	奎，祠及行，吉。以取（娶）妻，女子愛。生爲吏。82壹	二月奎，利祠祀及行，吉。以取（娶）妻，妻愛而口臭，司寇。以生子，爲吏。不可穿井。六三
婁，利祠及行。百事吉。以取（娶）妻，男子愛。生子亡者，人意之。83正壹	婁，祠及百事，吉。以取（娶）妻，男子愛之。生子亡者，人意之。83壹	婁，利以祠祀及行，百事吉。以取（娶）妻，妻愛。可築室。司瘳（𢦏）。六四
胃，利入禾粟及爲囷倉，吉。以取（娶）妻=（妻，妻）愛。生子，必使。84正壹	三月：胃，利入禾栗=〔註9〕及爲囷倉，吉。以取（娶）妻=（妻，妻）愛。生子，使人。84壹	【三月胃】，利入禾粟及爲囷倉，吉。以取（娶）妻，妻愛而棄。利以祠祀，復（覆）內，入馬牛。不可以葬。六五
卯（昴），邋（獵）、賈市，吉。不可食六畜。以生子，喜斲（鬬）。85正壹	卯（昴），邋（獵）、賈市，吉。叩不可食六畜。以生，喜斲（鬬）。85壹	【昴】，利以弋獵，賈市，吉。不可食六畜生（牲）。可以築室及開牢。司兵。以牛子，喜斲（鬬）。☐☐☐六六
畢，以邋（獵）置罔（網）及爲門，吉。以死，必二人。取（娶）妻，必二妻。不可食六畜。生子，疰。亡者，得。86正壹	四月：畢，以邋（獵）置罔（網）及爲門，☐☐☐☐取（娶）妻必二，不可食畜生=（生。生）子，☐86壹	【四月】畢，利以弋獵，☐☐☐，爲門，吉。以死，必二人。不可取（娶）妻，必二妻。司空。以生子，疰（瘖）〔註10〕。亡者，得。六七

〔註5〕 毋（無）晨（骨），原釋文作「毋晨」，據文意改。

〔註6〕 晨（骨），原釋文作「晨」，據文意改。

〔註7〕 原釋文誤將圖版「𣨼」隸定爲「毋」，今據圖版改正。

〔註8〕 營▇，是「營室」的省寫，當是承上下文多次出現「營室」而來，不能算作嚴格意義上的合文。下同。

〔註9〕 重文號「▇」衍。

〔註10〕 原釋爲「徃」，王貴元據《睡虎地秦簡》甲種簡八六正壹異文材料和圖版隸定此字爲「疰」。詳見王貴元《讀孔家坡漢簡劄記》，簡帛網，2006年10月8日。

嶲=（此（觜）嶲），百事凶。可以敫（徼）人攻雠。生子，爲正。87正壹	此（觜）鑴（嶲），百事兇（凶）。可以敫人攻雠。生子，爲正。87壹	【觜嶲】▨六八
參，百事吉。取（娶）妻，吉。唯生子不吉。88正壹	參，百事吉，□〔註11〕88壹	參，百事凶。六九
東井，百事凶。以死，必五人死；以殺生（牲），必五生（牲）死。取（娶）妻，多子。生子，旬而死。可以爲土事。89正壹	五月：東井，百事兇（凶）。以【死，必】五人：殺生（牲），必五生（牲）死。取（娶）妻，多子。生子，旬死。可以爲土事。89壹	五月東井，百事凶。以死，必五人，殺產，必五產。【以取（娶）妻】，多子。司家。以生子，旬而死。七〇
輿鬼，祠及行，吉。以生子，瘏（癃）。可以送鬼。90正壹	輿鬼，祠及行，吉。以生子，瘏（癃）。可以從〈送〉鬼。90壹	輿鬼，利祠祀及行，吉。生子，子瘏（癃）〔註12〕。可以□□。
【柳】，百事吉。取（娶）妻，吉。以生子，肥。可以寇〈冠〉，可請謁，可田邋（獵）。91正壹	六月：酉（柳）百事吉。以【生】子，肥。可始寇〈冠〉，可請謁，可田邋（獵）。取（娶）妻，吉。91壹	六月柳，百事吉。取（娶）妻吉。生子，子肥。可始〔註13〕冠，可【□□】，可田獵。司□□□。七二
七星，百事凶。利以垣。生子，樂。不可出女。92正壹	七星，百事兇（凶）。利以垣。生子，樂。不可出女。92壹	星，百事凶。利以垣。生子，子樂。不可以取（娶）妻、嫁女。唯（雖）它大吉，勿用。七三
張，百事吉。取（娶）妻，吉。以生子，爲邑桀（傑）。93正壹	七月：張，百事吉。取（娶）妻，【吉】。以生子，爲邑桀（傑）。93壹	【七月張】，▨。以生子，爲邑桀（傑）。七四
翼，利行。不可臧（藏）。以祠，必有火起。取（娶）妻，必棄。生子，男爲見（覡），【女】爲巫。94正壹	翼，利行。不可臧（藏）。以祠，必有火起。取（娶）妻，必棄。生子，男爲見（覡），女爲巫。94壹	【翼】，▨起。取（娶）妻，妻棄。司臧。以生子，爲巫，男爲見（覡）。可以□門牖。七五
【軫】，□乘車馬、衣常（裳）。取（娶）妻，吉。以生子，必駕。可入貨。95正壹	軫，乘車、衣常（裳）、取（娶）妻，吉。生子，必賀。可入貨。95壹	【軫】，▨，可以築室。司家。以生子。必駕。可入貨。七六 ▨□百廿四星。七七

〔註11〕原釋文後有「徙死庚子寅辰北徙死」，應屬於遷徙的内容，不屬於本篇，暫刪。

〔註12〕此字在文中共出現三次，其中簡三九一貳隸定爲「瘏」，其餘均隸定爲「庠」，現統一隸定爲「瘏」。

〔註13〕釋文原作「以」，其圖版爲「▨」，與簡一三六壹中的「▨（始）」相似，當隸定爲「始」。

附錄 3：第四章　表 4-9

類別	序號	年月日（農曆）	月將	附近節氣／中氣名稱以及對應農曆日期		是否符合中氣換月將	備註
				名稱	日期		
天時	001	己酉年十月初四己卯日					*諸本皆作十一月初四，劉科樂考證日期有誤。不用此例。*
	002	十二月戊申日					*年月日不全，不用此例。*
	003	庚辰年八月癸丑日					*原題九月十五，劉氏考證日期有誤。不用此例。*
宅墓	004	戊申年九月庚寅日	辰將	寒露	九月初五丙戌日	符合	寒露後霜降前
	005	戊申年正月辛卯日	子將	雨水	正月十二丁酉日	符合	立春後雨水前
	006	戊申年八月辛巳日	辰將	秋分	八月十八庚午日	符合	秋分後寒露前
	008	戊申年六月庚辰日	午將	大暑	六月十七庚午日	符合	大暑後立秋前
	009	戊申年十一月壬寅日申時	丑將	冬至	十一月廿二壬寅日	符合	當日冬至
	010	己酉年十月庚寅日	寅將	大雪	十月十七壬辰日	符合	小雪後大雪前
	011	戊申年六月丁巳日	未將	小暑	六月初一甲寅日	符合	小暑後大暑前
	013	戊申年十月壬子日	卯將	立冬	十月初五丙辰日	符合	霜降後立冬前
	014	己酉年六月壬戌日	未將	小暑	六月十三庚申日	符合	小暑後大暑前
	015	戊申年六月癸亥日	未將	小暑	六月初一甲寅日	符合	小暑後大暑前
	016	己酉年五月戊申日	未將	夏至	五月廿七甲辰日	符合	夏至後小暑前
	017	己酉年二月戊子日					*劉氏考證本月無戊子日。不用此例。*
	018	戊申年正月丙戌日	子將	雨水	正月十二丁酉日	符合	立春後雨水前
	019	己酉年三月癸巳日	戌將	清明	三月初十戊子日	符合	清明後穀雨前
前程仕進	100	己酉年六月癸丑日	未將	小暑	六月十三庚申日	符合	夏至後小暑前
	101	己酉年正月甲午日	子將	立春	正月初八丁亥日	符合	立春後雨水前
	102	己酉年四月戊申日	酉將	立夏	四月十二己未日	符合	穀雨後立夏前
	103	己酉年六月戊申日	未將	小暑	六月十三庚申日	符合	夏至後小暑前
終身	104	戊申年六月丙寅日	未將	大暑	六月十七庚午日	符合	小暑後大暑前
	105	戊申年十一月戊戌日	丑將	冬至	十一月廿二壬寅日	不符合	大雪後冬至前
	106	戊申年正月丁亥日	子將	雨水	正月十二丁酉日	符合	立春後雨水前

	107	戊申年十月壬子日	卯將	立冬	十月初五丙辰日	符合	霜降後立冬前
	108	己酉年丁亥日					*年月日不全。不用此例。*
	109	戊申年十一月初十辛卯日	丑將	大雪	十一月初七丁亥日	不符合	大雪後冬至前
	110	己酉年正月十五甲午日	子將	立春	正月初八丁亥日	符合	立春後雨水前
	111	戊申年四月甲申日丑時	申將	芒種	五月初一甲申日	符合	甲申日正好交芒種
	112	己酉年正月十五甲午日	子將	立春	正月初八丁亥日	符合	立春後雨水前
	113	己酉年己酉日					*年月日不全。不用此例。*
	114	己酉年己未日					*年月日不全。不用此例。*
	115	辛丑年十二月廿七丁巳日	子將	立春	十二月廿一辛亥日	符合	立春後雨水前
	116	戊申年正月初一丙戌日	子將	雨水	正月十二丁酉日	符合	立春後雨水前
	117	二月壬午日					*年月日不全。不用此例。*
	118	己酉年三月初一己卯日	戌將	清明	三月初十戊子日	符合	春分後清明前
	119	己酉年六月十五壬戌日	未將	小暑	六月十三庚申日	符合	小暑後大暑前
流年	120	己酉年正月庚辰日	子將	立春	正月初八丁亥日	符合	大寒後立春前
疾病	162	己酉年二月壬午日	戌將	清明	三月初十戊子日	符合	春分後清明前
	163	戊申年六月甲寅日卯時	未將	小暑	六月初一甲寅日	符合	當日正當小暑
	164	戊申年五月癸巳日	申將	夏至	五月十六己亥日	符合	芒種後夏至前
	165	己酉年十月丙申日	寅將	大雪	十月十七壬辰日	符合	大雪後冬至前
	166	戊申年九月庚寅日	辰將	寒露	九月五日丙戌日	符合	寒露後霜降前
	167	戊申年十二月辛卯日					*此年十二月無辛卯日。不用此例。*
	168	己酉年九月甲子日	卯將	立冬	九月十六辛酉日	符合	立冬後小雪前
	169	戊申年二月初四戊午日	亥將	**驚蟄**	正月廿八癸丑日	符合	**驚蟄**後春分前
	170	己酉年丁亥日					*年月日不全，不用此例。*
	171	庚戌年六月壬辰日	午將	立秋	六月廿五乙未日	符合	大暑後立秋前
	172	庚戌年七月己亥日	午將	立秋	六月廿五乙未日	符合	立秋後處暑前
	173	己酉年辛酉日					*年月日不全，不用此例。*
	174	己酉年辛酉日					*年月日不全，不用此例。*
	175	二月庚辰日					*年月日不全，不用此例。*

	176	丁巳日					*年月日不全，不用此例。*
	177	十二月丙午日					*年月日不全，不用此例。*
	178	己丑日					*年月日不全，不用此例。*
六畜走失	179	己酉年九月癸亥日	卯將	立冬	九月十六辛酉日	符合	立冬後小雪前
	180	丁亥日					*年月日不全，不用此例。*
	181	十一月壬午朔					*年月日不全，不用此例。*
	182	丁丑日					*年月日不全，不用此例。*
	183	戊子日					*年月日不全，不用此例。*
	184	丁未日					*年月日不全，不用此例。*
	185	己卯日					*年月日不全，不用此例。*
	186	甲辰日					*年月日不全，不用此例。*
	187	辛亥日					*年月日不全，不用此例。*
亡盜	188	己酉年十月癸卯日	寅將	大雪	十月十七壬辰日	符合	大雪後冬至前
	189	十月辛卯日					*年月日不全，不用此例。*
	190	甲寅日					*年月日不全，不用此例。*
	191	己酉日					*年月日不全，不用此例。*
	192	己未日					*年月日不全，不用此例。*
	193	庚辰日					*年月日不全，不用此例。*
	194	同上日					*年月日不全，不用此例。*
	195	十一月己丑日					*年月日不全，不用此例。*
	196	辛卯日					*年月日不全，不用此例。*
	197	九月癸丑日					*年月日不全，不用此例。*

	198	庚午日					*年月日不全，不用此例。*
	199	庚午日					*年月日不全，不用此例。*
	200	十一月朔日壬午					*年月日不全，不用此例。*
	201	丁卯日					*年月日不全，不用此例。*
官訟	202	戊申年丁酉日					*年月日不全，不用此例。*
	203	辛丑日					*年月日不全，不用此例。*
	204	己酉年九月庚申日	卯將	立冬	九月十六辛酉日	符合	霜降後立冬前
	205	戊申年七月辛卯日	午將	立秋	七月初三乙酉日	符合	立秋後處暑前
	206	己酉年乙酉日					*年月日不全，不用此例。*
	207	己酉年己未日					*年月日不全，不用此例。*
	208	七月庚午日					*年月日不全，不用此例。*
	209	五月乙未日					*年月日不全，不用此例。*
	210	辛丑日					*年月日不全，不用此例。*
	211	壬辰日					*年月日不全，不用此例。*
	212	丙戌年十二月辛酉日	丑將	小寒	十二月初五壬戌日	符合	冬至後小寒前
	213	己酉年九月乙丑日	卯將	立冬	九月十六辛酉日	符合	立冬後小雪前
	214	戊申年七月二十三乙巳日	午將	處暑	七月十八庚子日	不符合	處暑後白露前，應該爲巳將。既不符合中氣換將，也不符合節氣換將。
雜占	215	戊戌日					*年月日不全，不用此例。*
	216	己丑年三月癸丑日					*劉氏考證日期有誤。不用此例。*
	217	壬子日					*年月日不全，不用此例。*
	218	四月辛未日					*年月日不全，不用此例。*

注：案例中丙戌年指公元 1106 年，辛丑年指公元 1121 年，戊申年指公元 1128 年，己酉年指公元 1129 年，庚戌年指公元 1130 年。

附錄 4：「天南地北」眞義考 [註14]

引言

　　「天南地北」是人們熟知的成語，有學者認爲它是源於先天八卦方位圖。周山先生說：「在『先天八卦圖』中，代表著『天』的乾卦處在正南方，代表著『地』的坤卦處在正北方，我們現在常說的『天南地北』，也正是源於『先天八卦圖』中的天、地位置」[註15]。周山的意思很明白：「先天八卦圖」中的天在南、地在北，所以有「天南地北」一說。這種觀點大概很普遍。

　　王大有先生也持相似觀點。譬如震驚世界的濮陽西水坡 45 號墓（圖 1），墓主人頭朝南，墓葬的南邊呈圓弧形象徵「天」，北邊呈方形象徵「地」。針對此墓，王大有先生認爲：「上古以南爲陽爲乾爲天，所以面南稱君稱王，死亦頭朝南，仰面向天。」[註16] 言下之意，6500 年前的西水坡人就已經有了「天在南，地在北」的觀念了。

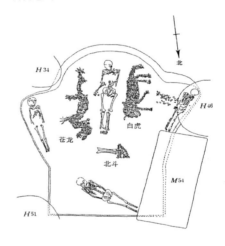

圖 1　濮陽西水坡 45 號墓
（採自《河南濮陽西水坡遺址發掘簡報》，《文物》1988 年第 3 期）

〔註14〕　在 2015 年 9 月 26 日～27 日由中國人民大學國學院舉辦的「『《周易》與中國哲學』國際學術研討會」上筆者向與會專家報告本文的初稿，後根據成中英、鄭萬耕教授提出的寶貴意見、建議做了修改，後來此文發表在《海南師範大學學報》社會科學版 2018 年第 2 期。

〔註15〕　周山著：《易經新論》，瀋陽：遼寧教育出版社，1991 年，第 20 頁。

〔註16〕　王大有：《顓頊時代與濮陽西水坡蚌塑龍的劃時代意義》，《中原文物》1996年第 1 期。

　　但是，也有學者持反對意見。山東大學古籍所徐傳武先生撰文《「天南地北」一詞與八卦方位無關》認爲：「『天南』一詞專指嶺南，亦用以泛指南方或南方極遠之地。」還認爲「天 X 地 X」這種成語形式很多，如天南海北、天覆地載、天荒地老、天長地久、天羅地網等等，與八卦方位沒有關係。〔註17〕

　　孰是孰非呢？筆者認爲有必要從文獻學、考古學和中國古代天文學等方面，從宇宙發生論、北斗崇拜等層次來考證古人的陰陽觀、時空觀，還原「天南地北」的本來含義。

一、「天南地北」與「乾南坤北」的不同出處

　　在文獻上，「天南地北」與「乾南坤北」有不同的出處。

　　最早提到「天南地北」這個成語的是《全唐文》第九百八十七卷《雙像記》收錄的《鴻慶寺碑》，清代陸耀遹撰《金石續編》也錄有此碑文。據介紹，此碑「高四尺，廣二尺六寸……，正書在河南澠池縣」，碑文有「運逢屯否，時遇糾紛。天南地北，鳥散荊分。神器改易，載返邱墳」的字樣。〔註18〕碑文中，「天南地北」寫成「而南𡌊北」，筆者查閱了一些資料得知，而和𡌊是武則天造的字，釋爲天、地。此碑的落款爲「大周聖曆（缺 10 字）朔三日戊辰建」，其中「大周聖曆」四字已經確鑿表明這是武則天時代的碑文了。由此可見，「天南地北」的說法至少在唐代已經成熟。徐傳武先生認爲，「天南地北」與「天南海北」同意，「天南」泛指南方或南方極遠之地，「地北」同「海北」，指代偏遠的北方。〔註19〕照這樣的解釋，「天南地北」與「先天八卦圖」是沒有任何關係的。

　　而「乾南坤北」的說法，晚清易學大師尙秉和先生認爲出自《太玄・玄告》。西漢後期著名學者楊雄在《太玄・玄告》有言：「天地相對，日月相劘，山川相流，輕重相浮……南北定位，東西通氣，萬物錯離於其中」。〔註20〕這

〔註17〕　徐傳武：《「天南地北」一詞與八卦方位無關》，古籍整理研究學刊 1995 年第 3 期，第 34 頁。

〔註18〕　〔清〕陸耀遹：《金石續編》卷六唐三。

〔註19〕　徐傳武：《「天南地北」一詞與八卦方位無關》，古籍整理研究學刊，1995 年第 3 期，第 34 頁。

〔註20〕　〔西漢〕楊雄：《太玄集注玄告》，宋司馬光集注，劉韶軍點校，北京：中華書局，1998 年 9 月第 1 版，第 250 頁。

句話與《易傳・說卦》「天地定位，山澤通氣，雷風相薄，水火不相射，八卦相錯」的說法如出一轍。

　　楊雄生於公元前 53 年卒於公元 18 年，其活躍的年代在漢成帝和王莽新政時期。而《說卦傳》成書的年代，據陳鼓應先生分析應該是「和《莊子》外、雜篇屬同一時期，兩者在思想理路上也有所聯繫。」〔註 21〕這樣推算下來，兩部著作的問世大約相距 300 年。戰國人講「天地定位」，楊雄講「天地相對，南北定位」，尚秉和先生認爲這是以「以南北釋天地定位」的證據，「此亦乾南、坤北……之見於西漢者也。」〔註 22〕

　　尚秉和先生窮其一生對西漢易學家焦延壽所著《焦氏易林》進行研究，認爲其中含有許多先天八卦方位信息，並著有《焦氏易詁》進行論證。然而《焦氏易林》在《漢書・藝文志》中並未見著錄，至《隋書・經籍志》方見記載，所以這部書的眞僞很成問題。尚秉和先生的觀點難以立足。

　　所以筆者認爲，從「天地定位」到「天地相對，南北定位」表達方式的演變，並不能肯定當時的人們認爲天代表南，地代表北，只能說西漢人「南北定位」的表達模式套用了戰國人的「天地定位」。而「天地定位」的本義是「乾上坤下」，有人將「上下」與「南北」混淆，杜撰出了「乾南坤北」。筆者將在後面幾節中論述分析這個問題。

　　考察文獻，「乾南坤北」一詞出自朱熹《周易本義》：

　　　　《說卦傳》曰：「天地定位，山澤通氣，雷風相薄，水火不相射。八卦相錯，數往者順，知來者逆。」邵子曰：「乾南、坤北、離東、坎西、震東北、兌東南、巽西南、艮西北。自震至乾爲順，自巽至坤爲逆。後六十四卦方位放此。」〔註 23〕

　　朱熹認爲是邵雍提出了「乾南坤北」一說。但是我們查閱邵雍的文集，發現是朱熹誤會了邵雍的意思。邵雍說：「乾坤定上下之位，離坎列左右之門，天地之所闔闢，日月之所出入，……莫不由乎此也。」郭彧注：「先天圓乾上坤下，離左坎右。乾坤爲天地，離坎爲日月……天文、地理與氣候之理皆寓

〔註 21〕 陳鼓應：《易傳與道家思想》，北京：商務印書館，2007 年 4 月第一版，第 200 頁，第 206 頁注 4

〔註 22〕 尚秉和：《焦氏易詁》，北京：中央編譯出版社，2013 年 1 月第一版，第 27 頁。

〔註 23〕 〔宋〕朱熹：《周易本義》，北京：中央編譯出版社，2010 年 10 月第一版，第 4 頁。

於『先天』一圖。」〔註 24〕這裡邵雍的意思很明白，在先天八卦圖中，乾爲天而坤爲地，乾在上而坤在下，並非乾在南而坤在北。

邵雍又說：「天之陽在南而陰在北，地之陰在南而陽在北。」郭彧注：「先天圖六十四卦圓圖像天，乾爲天之陽而在南，坤爲天之陰而在北。六十四卦方圖形地，乾下坤上，乾爲地之陽而在北，坤爲地之陰而在北。」〔註 25〕這裡根本找不到「天（乾）在南而地（坤）在北」的痕跡。

清代黃宗羲早對「乾南坤北」的說法提出質疑：

> 邵子《先天方位》，以「天地定位，山澤通氣……」爲據，而作乾南，坤北……。夫卦之方位，已見「帝出乎震」一章。康節捨其明明可據者，而於未嘗言方位者重出之，以爲「先天」，是謂非所據而據焉。「天地定位」，言天位乎上，地位乎下，未聞南上而北下也……
> 〔註 26〕

黃宗羲認爲，「天地定位」的意思就是「天在上，地在下」，從來沒有聽說過「南在上，北在下」，是邵雍杜撰了先天方位，是「天（乾）在南，地（坤）在北」的始作俑者。黃宗羲講的道理非常明確，但是令人不解的是，明明是朱熹誤解了邵雍的意思，黃宗羲爲什麼不批評朱熹卻批評邵雍？有興趣的朋友可以對之做進一步的考證。

二、「先天八卦圖」鉤沉

前面談到，易學大師尙秉和先生研究認爲西漢《焦氏易林》中含有許多先天八卦方位信息。另外，尙秉和先生還肯定地認爲《太玄》「南北定位，東西通氣」是以南北解釋天地定位，這就是先天八卦方位。〔註 27〕筆者不完全贊同尙先生的觀點。筆者梳理了近現代諸多學者對先天八卦圖的考證，認爲**目前還沒有過硬的證據來證明宋代以前存在「先天八卦圖」。**

祝國高先生在《先天、後天八卦圖方位並行時期的史料見證—山海經敘

〔註 24〕〔宋〕邵雍：《邵雍集》觀物外篇中之上，郭彧整理，北京：中華書局，2010年 1 月第一版，第 112 頁。

〔註 25〕同上，第 116 頁。

〔註 26〕〔清〕黃宗羲：《易學象數論》，譚德貴等校注，北京：九州出版社，2007 年 12月第 1 版，第 22 頁。

〔註 27〕尙秉和：《焦氏易詁》，尙秉義批點，北京：中央編譯出版社，2013 年 1 月第一版，第 27 頁。

述方位混亂淺析》一文中說：「對『易學』稍有瞭解的人都知道，《易經》裏八卦圖有兩個：先天八卦圖和後天八卦圖，它們在空間方位上完全相反。」筆者看到這句話感到比較驚訝！因爲先天八卦圖和後天八卦圖，它們在空間方位上完全不是相反的關係（圖 2），我們從圖 2 可以看得很清楚。從文章內容看，作者認爲先天八卦的「東」對應著後天八卦的「西」，先天八卦的「南」對應著後天八卦的「北」，餘可類推。〔註28〕祝先生把基本概念搞錯，後面的論證自然是風馬牛不相及了。

圖 2　先天八卦圖（左）、後天八卦圖（右）

王先勝先生在《漢代八卦洗先天八卦圖眞僞考辨》一文中提到《西清古鑒》卷三十三載有一個漢代八卦洗，並強調此八卦洗的定名和摹圖中的先天八卦方位圖非常明確。只可惜，這是一個「無頭官司」，王先生自己也承認此八卦洗「現在很可能流落海外，或者已經毀滅而不存於人世」〔註 29〕。實物找不到，再多的雄辯都會顯得蒼白。在後文中，王先生又提到「先天八卦在中原地區以外的西南彝族文化和四川西部被發現。」筆者查閱了盧央先生撰寫的《彝族星占學》和陳久金先生撰寫的《中國少數民族天文學史》兩部著作。其中，兩位先生對彝族八卦均有討論和研究〔註30〕：

〔註28〕祝國高：《先天、後天八卦圖方位並行時期的史料見證》，《隴東學院學報》，2006 年 8 月，第 17 卷第三期。

〔註29〕案：很遺憾這篇文章在知網上搜索不到，互聯網可以查到。

〔註30〕盧央：《彝族星占學》，昆明：雲南人民出版社，1989 年 3 月第一版，第 116 頁；陳久金：《中國少數民族天文學史》，北京：中國科學技術出版社，2013 年 3 月第二版，第 399 頁。

古彝文著作《宇宙人文論》和《西南彝志》中介紹的彝族八卦，
明顯地受到了漢族八卦的影響，但也保留著彝族八卦的固有特性。
它們所描述的彝族八卦的結構，可用表1表示。

表1　《宇宙人文論》和《西南彝志》中的彝族八卦

卦名	噯	哺	且	舍	魯	朵	哼	哈
卦位	南	北	東	西	東北	西南	東南	西北
卦序	父	母	中男	中女	長男	長女	少男	少女
卦象	火	水	木	金	山	土	石	禾

請注意：兩位先生都認爲，彝族八卦，明顯地受到了漢族八卦的影響，
但也保留著彝族八卦的固有特性。盧央先生進一步議論說：「彝族八卦是否有
卦畫尚不明確。」陳久金先生也有類似的說法：「表中沒有給出卦畫，是因爲
還不知道彝族的卦畫是什麼。」

陳久金先生繼續說：

按《西南彝志》和《宇宙人文論》，其卦畫如下所示：

經過分析研究之後，陳先生給出了一個彝族的八卦方位圖（圖3），並注
明是《宇宙人文論》所載。筆者又查閱了《宇宙人文論》，在第 80 頁找到上
面這個圖，明確標明這是「彝書載《八卦》方位圖」。但到底是哪本彝書？誰
人所著？誰人所傳？就沒有明確說明了。筆者推測，也可能是《宇宙人文論》
的原彝文本。《宇宙人文論》又是一本什麼書呢？該書的「序言」中說：「《宇
宙人文論》是一部珍貴的彝文歷史文獻……由羅國義、陳英二同志，於 1978
年 10 月，就此書彝文原本作了翻譯……」。書的「前言」又說：「由於彝文古
籍是千百年來經千百人之手輾轉傳抄，無法考證其傳抄次數，因而很難斷定
其成書年代」。

圖 3　彝族八卦方位圖（陳久金提供）

　　所以筆者認爲，這樣一部古彝書，一是其年代難以斷定，二是在千百年來歷經千百人傳抄，是否有所改動，是否受到漢文化的影響，實在很難說。用這樣的八卦圖來佐證漢文獻的「先天八卦圖」自古就有，不管是證實還是證僞都需要倍加斟酌。

　　上圖與漢文獻的先天八卦方位圖如出一轍，如果此圖的確是彝族文獻中獨立傳承的八卦圖，而且能夠證明它的確是古老到至少在漢代就有，那麼筆者認爲這的確是一個證明：宋儒傳出的先天八卦圖絕非空穴來風。不過，即使可以作這樣的證明，也還需要解釋一下此圖中東南方的「兌（哼）」被當做「少男」，正東方的「離（且）」被當做「中男」，而在漢文獻中「兌」被當做「少女」，「離」被當做「中女」。爲什麼會有這些不同？

　　討論彝族八卦圖的還有一位龍正清先生，拜讀了他撰寫的《彝文獻記載的先天八卦文化體系及其社會實用性概論》，筆者認爲論述也非常有說服力。不過他在文章中提到的彝族八卦圖（圖 4）與陳久金先生提供的圖很不相同。

此圖的布局原理，龍先生引用了彝書《突魯聱咪》原文「乾象天為男，坤象地為女，男女相交則有生長。然乾一氣交於坤以生長男，命其名魯（震），坤一氣交乾以坤以生長女命其名朵（巽），乾二氣交坤以生中男，命其名且（坎），坤二氣叫乾以生中女，命其名舍（離），乾三氣交坤以生少男，命其名亨（艮），坤三氣交乾以生少女，命其名哈（兌），八卦其陳列，由此天稱父地稱母。」

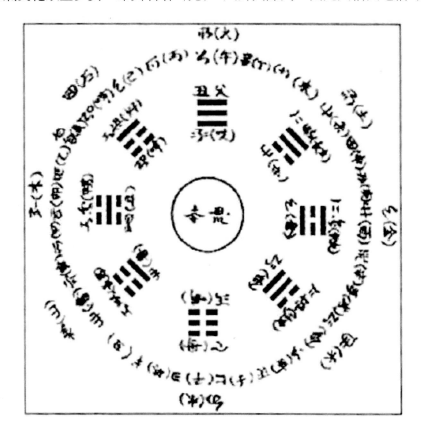

圖 4　彝族八卦圖（龍正清提供）

對比文獻和圖示，圖中左邊都是陽卦，從東北起依次為震（長男）、坎（中男）、艮（少男）、乾（父），右邊都是陰卦，從西南起依次為巽（長女）、離（中女）、兌（少女）、坤（母），顯得井然有序，條理分明，一目了然，讓人信服。

不過，彝文獻中到底有幾個先天八卦圖呢？是後人杜撰還是自古就有呢？如果自古就有，誰真誰偽呢？如果陳久金先生提供的圖是真，那麼方有進一步論證與宋儒八卦圖的關係的必要，如果龍正清先生提供的圖是真，那

麼問題就更加複雜了。如果彝族先天八卦圖也是一本糊塗賬，那麼用它來證
明漢文獻的先天八卦圖自古就有，那只能緣木求魚了。

　　又有郭志成先生撰文說，在吉林省集安市五盔墳四號墓北室壁畫上發現
了目前年代最早的八卦圖（圖 5），其年代相當於北朝時期，大約在 5 世紀末
6 世紀初。他介紹說，韓國漢城大學金一權認為此圖是文王八卦圖，而考古報
告的執筆人李殿福先生提供的曬藍圖，只有圖下部的四個卦是相當清晰的。
他研究之後認為這既不是先天八卦圖，也不是後天八卦圖〔註31〕。筆者認為，
他在證據不充分的情況下做了大量有益的探索，可以給同道和後來人提供一
些線索。如果集安八卦圖被考證出來真是郭先生分析的那樣，或許可以說明
古人根據對「天地定位，山澤通氣，雷風相薄，水火不相射」這句話的不同
理解而創造出了多個版本的「先天八卦圖」。無獨有偶，李學勤先生也曾根據
《帛書》的「天地定位章」試畫出一個「先天八卦圖」。（圖 6）〔註32〕。

圖 5　集安市五盔墳四號墓北室壁畫八卦圖
（端坐蓮花上的人左手所指為八卦圖）

〔註31〕　郭志成：《集安八卦圖考》，安陽大學學報，2004 年 3 月第 1 期。
〔註32〕　李學勤：《周易溯源》，成都：巴蜀書社，2006 年 1 月第 1 版，第 310～311
　　　　頁。

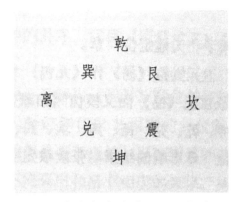

圖 6　李學勤繪製「先天八卦圖」

　　如此眾多版本的「先天八卦圖」讓人眼花繚亂，莫衷一是。綜上，我們可以得出一個結論：**目前還沒有過硬的證據來證明宋代以前存在「先天八卦圖」**。如果宋代以前根本不存在先天八卦圖，那麼「天南地北」源於先天八卦的說法純屬子虛烏有；即使宋代以前存在先天八卦圖，要將「天南地北」理解爲「天在南地在北」，那也是有人混淆了「上下」與「南北」的概念。

　　既然問題是從「先天八卦」的方位而來，那我們就來看看「先天」與「後天」到底指什麼？「先天」與「後天」究竟是個什麼關係？

　　宋儒的象數易學得自陳摶，而陳摶本來就是一位道士，所謂「先天之學、後天之學」與道家內丹學有解不開的淵源。內丹學認爲，宇宙是一個大的人體，人體是一個小的宇宙。宇宙和人體的演化規律是同一套機理。萬物從虛無中來，而人體（男人爲離，女人爲坎〔註33〕）源自父精（乾）母血（坤）先天一氣，順則成人，逆則成仙，通過「築基煉己，煉精化氣，煉氣化神，煉神還虛，煉虛合道」，「取坎塡離，返還乾坤」的修煉工夫，由後天返先天，逆向成仙。〔註34〕很明顯，對於人體來說，「後天」指的是有形有象的肉身，「先天」指的是形成肉身的精氣神。

〔註33〕胡孚琛：《丹道實修眞傳女子丹法傳眞》，北京：社會科學文獻出版社，2012年2月第1版，第90頁。《參同契中篇》認爲「坎男爲月，離女爲日」，說法有出入。

〔註34〕內丹學典籍多有涉及，如《藏外道書第九冊》之《漁莊錄上卷鉛汞論第三》，成都：巴蜀書社，第279頁；〔清〕朱元育：《參同契闡微悟眞篇闡微》，北京：華夏出版社，2009年6月第1版，第180頁；〔唐〕呂洞賓：《指玄篇上篇其六》，電子書，白玉蟾注；〔東漢〕魏伯陽：《周易參同契》，章偉文譯注，北京：中華書局，2014年6月第1版，乾坤者易之門戶章第一，第3頁；牝牡四卦章第二，第5～6頁；天地設位章第七，第23頁。

那麼宇宙是怎樣生成的呢？《道德經》說：「道生一，一生二，二生三，三生萬物」，《易傳·繫辭上》說：「易有太極，是生兩儀，兩儀生四象，四象生八卦」，它們說的都是宇宙生成的過程。比較而言，「道」就是「虛廓」（或者叫「無極」）；「道生一」，就是「無極而太極」；「一生二」就是「太極生兩儀」；「二生三」就是「兩儀生四象」；「三生萬物」就是「四象生八卦」。八卦指代萬物，指有形有象的後天世界；萬物生成之前都是先天（圖 7）；八卦兩兩相重成六十四卦，是指萬物之間相互對待的各種關係。

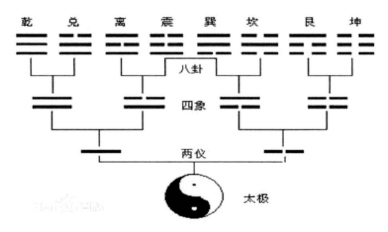

圖 7　宇宙生成過程

《文言·乾》「先天而天弗違，後天而奉天時」，唐孔穎達《周易正義》有疏云：「先天而天弗違者，若在天時之先行事，天乃在後不違，是天合大人也。後天而奉天時者，若在天時之後行事，能奉順上天，是大人合天也。」〔註35〕二程、張載、朱震同孔穎達一樣，將「先天」理解爲與天相關的時間概念。

而邵雍說：「堯之前，先天也。堯之後，後天也。後天乃效法耳。」〔註36〕邵雍爲了創立「先天曆法元會運世」之說，規定堯帝之前爲先天，堯帝之後爲後天，筆者認爲這實在是牽強附會。「先天曆法元會運世」之說從現代天文學的角度來看肯定是錯的；從人類學、社會學角度看，算是一家之言。

因此，筆者認爲，所謂後天，是指有形有象的形而下，所謂先天，是指無形無象的形而上。只要說到八卦，那就是萬物生成之後，在有形有象的世

〔註35〕〔唐〕孔穎達：《周易正義》，卷第一，北京：北京大學出版社，1999 年 12 月第一版，第 23 頁。

〔註36〕〔宋〕邵雍：《邵雍集》，觀物外篇下之上，北京：中華書局，2010 年 1 月第一版，第 149 頁。

界裏才談得上方位；所謂先天，那是萬物形成之前，從混沌初開到陰陽分化，這是一個時間流變的過程，是談不上方位的。既然如此，「天在南地在北」的說法是無中生有的。

三、上古「陰陽觀」與南、北、東、西的配屬關係

要考察天是不是在南，地是不是在北，還必須直接從古人的陰陽觀說起。古人的陰陽觀不止一種，概括如下：

第一是以日出到日落爲陽，以日落到日出爲陰。日出大致從卯時開始，卯、辰、巳、午、未、申爲陽，日落大致從酉時開始，酉、戌、亥、子、丑、寅爲陰。

第二是從夜半到日中爲陽，從日中到夜半爲陰，即從夜半子時開始，子、丑、寅、卯、辰、巳爲陽；從日中午時開始，午、未、申、酉、戌、亥爲陰。

第三是以上半年爲陽，以下半年爲陰，由於各時代、各民族歲首的起點不同，陰陽觀也不同。大致上有從亥月到辰月爲陽，從巳月到戌月爲陰；又有從子月到巳月爲陽，從午月到亥月爲陰兩種提法。

其四是以木火爲陽，以金水爲陰，具體說，十天干中甲、乙、丙、丁爲陽，庚、辛、壬、癸爲陰；十二地支寅、卯、巳、午爲陽，申、酉、亥、子爲陰。

以上分類大致上是以溫度的升降爲依據的，溫度逐漸升高爲陽，逐漸降低爲陰。

此外，又有以奇爲陽，以偶爲陰。具體說，十天干中甲、丙、戊、庚、壬爲陽，乙、丁、己、辛、癸爲陰；十二地支中子、寅、辰、午、申、戌爲陽，亥、丑、卯、巳、未、酉爲陰。

陰陽觀的不同反映了古人認識事物角度的不同。這裡筆者將重點談陰陽觀的起源。

陰、陽，繁體字分別寫作：陰、陽。《說文㫃部》：「㫃：大陸山無石者，象形，㫃之屬皆從㫃。」「陽，高，明也。」「陰，水之南山之北也。」也就是說，與山有關的這一類都用㫃這個偏旁。「陽」的本意就是高聳，被太陽照耀。那麼與「陽」相對的「陰」就是低陷，見不到陽光。在北半球山環水抱的地方，水的南面、山的北面見不到陽光，屬陰；水的北面、山的南面被陽光照耀屬陽。

　　由此可知，天在高處屬陽，地在低處屬陰；面對太陽屬陽，背對太陽屬陰。(《說文》只是講山的南邊、水的北邊屬陽，並沒有概說南邊屬陽、北邊屬陰。)

　　古人的陰陽觀，文獻學的討論超不出殷周兩代，而考古學的證據卻可以追溯到新石器時代。遼寧牛河梁第II地點第1號積石冢M4（圖8）的諸多細節表明：我們的祖先至少在5500年前就已經懂得用陰陽的屬性來配屬方位。這是紅山文化著名的祭祀天地的圜丘和方丘中的一部分。方丘的西邊是方壝，此墓葬位於方壝南側，引人注目的是墓主人奇特的姿態。

圖8　遼寧牛河梁第II地點第1號積石冢M4

　　馮時先生介紹此墓說：「墓主頭向東，仰身直肢，兩腿膝部相交，左腿在上。……兩件豬形禮玉首部向外並排並倒置於胸前。」〔註37〕馮時先生認為墓主人奇特的姿勢正是陰陽交泰的「交」字的生動體現。

　　《說文解字卷十交部》「𠆥，交脛也。從大，象交形。」意思是說：交，交叉小腿而立。字形採用「大」作邊旁，像兩腿交叉的樣子。

〔註37〕馮時：《中國天文考古學》，北京：中國社會科學出版社，2010 年 11 月第 2
　　　　版，第 155～157 頁。

　　馮時先生認爲，此墓葬形制或許正是暗喻「天地交泰」的含義，體現出遠古時期人們的陰陽觀，與文獻《象傳・泰》〔註38〕的解釋高度吻合。

　　爲方便理解，筆者比對文獻再作一些解讀。先看墓主人的交叉的腿，左腿在右腿外面，與《泰卦》的象辭「以內爲陽，以外爲陰」對照，顯然右腿爲陽，左腿爲陰。墓主人所葬的方向頭朝東，所以右手爲北爲陽，左手爲南爲陰。墓主人生前面向北斗觀測時〔註39〕，當以右手爲東，左手爲西，所以東邊爲陽，西邊爲陰。

　　概括起來說：北爲陽、南爲陰、東爲陽、西爲陰。遠古時代的人們觀察太陽東升西落，通過立表測影掌握了時間和方位。分析起來，東邊是太陽升起的地方，象徵光明和溫暖，屬陽；西邊是太陽落下的地方，象徵黑暗和寒冷，屬陰。太陽越升越高，人們感覺越來越熱，天空越來越亮，但是太陽升到正南方向，所謂「日中則昃、盛極而衰」，陽極而陰生，所以正南方屬陰。同理，正北方向，陰極而陽生，屬陽。一年四季配屬陰陽的道理也一樣。所謂多至一陽生，太陽在多至這一天從南回歸線開始北移，白晝將逐漸增長，氣溫將漸漸回暖，所以多至屬陽；夏至一陰生，太陽從北回歸線開始南移，白晝將越來越短，氣溫又將逐漸轉涼，所以夏至屬陰；春季萬物復蘇屬陽，秋季萬物蕭索屬陰。在後天八卦中，正北爲坎屬陽，正南爲離屬陰，正東爲震屬陽，正西爲兌屬陰。古人用陰陽配置地平方位是一以貫之的。

　　概言之，古人認爲正南方屬陰，正北方屬陽。既然天爲陽，地爲陰，所以天不可能在南邊，地也不可能在北邊。

　　再回到墓主人奇特的姿勢，這裡還有一個疑問：墓主人左腿在右腿外面但同時也在右腿上面，爲什麼不以左腿爲陽（以上爲陽）？我們在下一節詳細討論這個問題。

四、從「北斗崇拜」看古天文學中的「天在上」與「天之南」

　　君臨天下，面南背北，這幾乎是一個常識。事實上，古時候的官員不論級別和品位，只要他在自己的衙門辦公，或者是接見自己的下級，他總是面南背北而坐。筆者認爲，這樣的習慣源自遠古時期的北斗崇拜。

〔註38〕《象傳》：「泰，小往大來，吉亨。則是天地交而萬物通，上下交而其志同也。內陽而外陰，內健而外順，內君子而外小人。君子道長，小人道消也。」
〔註39〕馮先生判斷，墓主人生前是掌握天極及北斗而敬授人時的巫長。

　　地上有個人王，天上就有個上帝。人王的權力從哪裡來？古人認爲君權來自上帝。從甲骨文「帝」字的造字法，可以看到形如花蒂。我們華夏民族，之所以自稱爲「華」，其實「華」就是「花」的本字，這是看到花蒂開花結果，**後人追溯祖先，將人祖與天帝建立起血緣關係，以帝爲至上神而認祖歸宗的結果。**帝的觀念是祖先崇拜的一部分，那個「嫡」與我構成嫡系的血緣關係。嫡爲本，庶爲旁枝。馮時先生在《中國古代的天文與人文・禮天與祭祖》中詳細地介紹了商代人的天帝崇拜和祖先崇拜，可以將之視爲是對上述觀點的注解。

　　甲骨文記載的這些崇拜，當然是源於更加遙遠的過去。古人認爲，人王居住在大地的中央，上帝就居住在天的中央。人王有個王庭，上帝就有個帝庭。帝庭是個什麼樣子？河姆渡文化和良渚文化中有大量關於帝庭的圖案，這個圖案在中國近代建築——亭子的頂端，依然清晰可見。這個圖案，古人叫「璇璣」，《尚書・堯典》中說：「璇璣玉衡，以齊七政」。至高無上的帝就住在「璇璣」的最頂上。〔註40〕

　　「璇璣」在哪裡？「璇璣」就是北斗星繞北天極環繞一周所形成的一個圓形範圍（圖 9）。**璇璣就是天之中。**位於「璇璣」中心的「天一」星和「太一」星就是古人心中的在不同時期的帝星。

　　人王面對北極的上帝禮天、祭天，所以「正北」是最爲尊貴的方位，所以人王面對萬民行使王權、實行統治，也是坐在最尊貴的位置「面南背北」。萬民朝拜人王，就如同人王朝拜上帝。

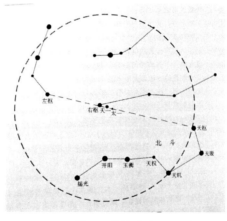

圖 9 「璇璣」

〔註40〕 馮時：《中國天文考古學》，北京：中國社會科學出版社，2010 年 11 月第 2版，P127～137。

《中華遺產》2006年第1期一篇題為《袁世凱祭天——天壇的最後一次典禮》的署名文章〔註41〕，還配有照片（圖10），詳細記載了人王祭天的全過程：

> 祭天在凌晨前開始。……儀式持續了一個小時。袁世凱從南面登上圜丘的第二層朝北站定，待簧火點起，他按照祭祀官的口令深深鞠躬四次，文武百官也跟著一起鞠躬，……敬獻了絲綢之後，袁世凱就跪到圜丘第一層。獻祭肉的音樂奏起，獸血獸毛馬上撤走，一盅熱湯送到了總統手中。這盅天羹先由袁世凱高舉過頭，然後分三次灑在盤中肉上。……祭天儀式隨之結束。

圖10　袁世凱祭天

在圜丘正北方向坐落著「皇穹宇」建築，內部設有「皇天上帝」的神位，神位正好是坐北朝南的（圖11）。西水坡45號墓的北斗蚌塑圖案，也是在墓主人的正北（圖1）。

〔註41〕　沈弘：《袁世凱祭天——天壇的最後一次典禮》，《中華遺產》2006年第1期，北京：中華書局。

圖 11　「皇穹宇」內部設有「皇天上帝」的神位

　　現在我們知道古人爲什麼要到南郊祭天了，並不是因爲天在南邊，而是因爲人王要面向北斗祭天。把圜丘修建成圓形是因爲天圓地方，以圓形象徵天，表明這是祭天的場所。

　　「璇璣」的方位如圖 12 所示「北天極」P 的位置，假定觀測者站在北緯 36°的黃河流域某地，夜間面向正北方向觀天，「璇璣」正處在出地角 36°的那一片天區。當仰頭 90°，頭頂之上的那一片天就叫天頂 Z。〔註 42〕雖然天頂位於「璇璣」之南，但是古人並不認爲天頂就是「天之南」。

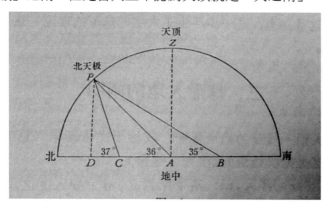

圖 12　北天極與天頂

〔註 42〕鄭文光：《中國天文學史文集・試論渾天說》，北京：科學出版社，1978 年 4
　　　　月第一版，第 125 頁。

那麼「天之南」又在哪裡呢？假定觀測者站在北緯 36°的黃河流域，面向正南方向觀天，28 宿隨著季節的不同，依次出現在「南中天」。「南中天」到極南的地平線的那一片範圍，就是「天之南」。28 宿大多數分佈在赤道南緯 8°到北緯 8°之間的範圍。〔註43〕計算下來，面向南面觀測，出地角 0°到 62°的天區就叫「天之南」。觀測者在北半球所處的維度越高，「南中天」的出地角會越低。比如在北京（北緯 40°）觀測南中天，出地角 0°到 58°的天區就叫「天之南」。

西水坡 45 號墓葬中的北斗、青龍、白虎，都是天上的星辰，把它們投影到地平方位上，就是墓葬中的那個樣子。換言之，在地平方位上表示「天」，天並不在某個特定的方位，而在四面八方。那麼墓葬南邊的圓弧表示什麼？那象徵墓主人頭頂上的「天」。**要把墓主人看成是站立著的人，而不是躺下的人。用圓弧象徵「天」表示立體方位的「上」，而不是地平方位的「南」。**換言之，圓形表示頭頂上的天，而方形表示腳底下的地（天圓地方）。遠古的人將立體方位擺在地平方位上，容易讓後來的人產生方位錯亂，誤把天在上理解成天在南。

事實上，「天在上地在下」的觀念由來已久。馮時先生考證了商周金文的「天」字（圖 13）以及甲骨文、金文刑天與《山海經》刑天（圖 14）的圖示，得出結論說：

> 至少商周時代的人們已將天地的形狀比做人的首足。《淮南子·精神訓》：「頭之圓也象天，足之方也象地」《大戴禮記》也保留了「上首之謂圓，下首之謂方」的古老說法。〔註44〕

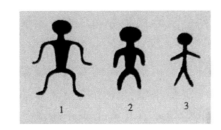

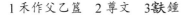

1 禾作父乙簋　2 尊文　3 㝬鍾

　　圖 13　商周金文的「天」字

1、3 金文（鼎文、爵文）　2 甲骨文（《京津》3102）　4《山海經》刑天圖

圖 14　甲骨文、金文刑天與《山海經》刑天

〔註43〕　馮時：《中國天文考古學》，北京：中國社會科學出版社，2010 年 11 月第二版，第 356～358 頁。

〔註44〕　馮時：《中國天文考古學》，北京：中國社會科學出版社，2010 年 11 月第二版，第 462 頁。

　　進一步考證發現，古人只是以圓弧代表天，而圓弧可以擺在任何一個地平方位。

　　比如，我們看看今天北京的天壇公園，它的整個地平形狀呈現北邊圓南邊方（圖15）

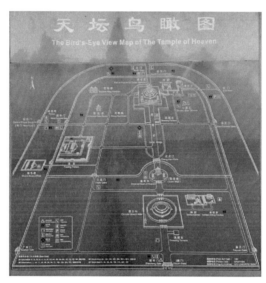

圖 15　天壇鳥瞰圖

　　為什麼北邊是圓形？因為圓形代表天，皇天上帝住在北極，人王要面北禮天、祭天。

　　又如，我們在距今 5500 年的紅山文化祭祀天地的遺址就可以看到，圓丘在東，方丘在西（圖16）。**圓丘代表天，也代表上，但是並不代表南；方丘代表地，也代表下，但是並不代表北。**

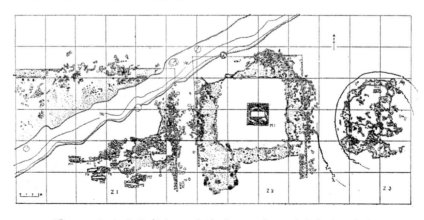

圖 16　紅山文化祭祀天地的圓丘、方丘（遼寧牛河梁）

　　總之，圓形代表天，天並不在南方，而在頭上。相應的，方形代表地，地並不在北方，而在腳下。天上地下，這是立體方位。所以，將「天南地北」理解爲「天在南、地在北」是站不住腳的，只能理解爲「天之南、地之北」。

　　現在回到前文在討論遼寧牛河梁第II地點第1號積石冢M4形制時留下的問題：墓主人左腿在右腿外面但同時也在右腿上面，爲什麼不以左腿爲陽（以上爲陽）？前面在西水坡45號墓葬我們已經討論過，要把墓主人看成是站立的姿勢才能理解古人如何在平面上來表達立體方位。同樣的道理，把積石冢M4的墓主人看成是站立姿勢，就只能把左腿看成在右腿外面，而不是在右腿上面，所以不以左腿爲陽。

　　那麼究竟是什麼原因導致了「天在南地在北」的錯誤觀念呢？筆者以爲，可能是在隋唐時期，有人將地平方位和立體方位搞混淆了。

　　馮時先生考證，古時的地圖幾乎都是上南下北、左東右西的布局〔註45〕。但是平面地圖的「上」（地圖的上部）與立體方位的「上」（人站立時的頭頂上），雖然都是同一個「上」字，但是含義迥異。當把這兩個「上」同時擺到地平方位的時候，有人就模糊了它們的區別，將「天在上，地在下」的立體方位與「南在上，北在下」的地平方位混爲一談，於是就產生了「天在南地在北」錯誤。

結束語

　　「天南地北」的本意是「天之南，地之北」，並非表示「天在南，地在北」，上古（新石器）時代的人只是認爲「天在上，地在下」，而根本沒有「天在南，地在北」的觀念，他們將「立體方位」的「上下」表現在「地平方位」的「南北」上，導致了「天在南，地在北」的誤會。

〔註45〕 馮時著：《中國天文考古學》，北京：中國社會科學出版社，2010年11月第二版，第380頁。

附錄5：第七章 「刑、德」推算方法之討論

　　最新出版的《長沙馬王堆漢墓簡帛集成》五《陰陽五行乙篇》《刑德甲篇》《刑德乙篇》《刑德丙篇》均記載有《刑德占》，整理者公佈了刑德的兩種推算方法，一是按年，如「太陰刑德大遊圖」所示，二是按日，如「刑德小遊圖」所示。〔註1〕

　　爲了研究刑德術，筆者仔細閱讀了以上文獻，對刑德的運行原理存有四個疑問，雖然本章的目的不是去探討刑德術的原理，但這四個疑問與我們要探討的神煞問題存在間接的關係，所以現在把它們如實記錄下來：

　　一是《陰陽五行乙篇》只給出「太陰刑德大遊圖」殘片沒有給出復原圖。《刑德甲篇》、《刑德乙篇》的「太陰刑德大遊圖」及復原圖基本相同（太陰、刑、德的運行完全相同）。《刑德丙篇》無「太陰刑德大遊圖」。那麼彼時的「太陰刑德大遊圖」是不是有相同的運行規則呢？

　　二是《陰陽五行乙篇》、《刑德》甲篇、乙篇、丙篇所載的「刑德小遊圖」並不完全一致。那麼，是否說明其運行規則並不相同？如果確有不同，那麼吉凶的確定也並不相同。

　　三是整理者吸收了胡文輝的意見，認爲具體打仗的時候吉凶的方位按年推算。〔註2〕果真如此，那麼《刑德小遊圖》是做什麼用呢？《刑德甲篇》之《刑德占》之占文從「十一年十二月己亥上朔，刑、德以其庚子並居西宮」一直到「此刑德小遊也」這一段的注釋（一）分明說：「文中刑、德的運行與《刑德》乙篇、《陰陽五行》乙篇所記載之刑德小遊的運行規律不合，可見此時成系統的刑德小游運行尚未完全成形。帛書所見『十一年十二月』，與史書所載漢高祖討伐陳豨之戰爭時間『十一年冬』吻合……當是依據戰爭編寫。」這個問題恐怕還需要深入研究。

　　四是關於「太陰刑德大遊圖」中「刑」的運行規律，整理者與胡文輝的意見並不一致。從出土的帛書原圖上看，整理者介紹說「表示刑的白色點完全不見。孫沛陽推測白色點用鹼性顏料繪製，因被酸性棺液溶解而完全不見。」

〔註1〕　附錄五所列圖例均采自裘錫圭主編：《長沙馬王堆漢墓簡帛集成》五，北京：中華書局，2014 年 6 月第一版。

〔註2〕　同上，第四一頁。

〔註3〕於是，整理者與胡文輝對「德始生甲，太陰始于子，刑始于水，水，子，故曰刑德始于甲子……刑、德之行也，歲徙所不勝，而刑不入中宮，居四隅」這段話的省略號之前的部分有了不同的理解。

　　整理者認爲：「刑始生水，指刑最初位於水位，按五行理論，水對應北方。『水子』，指五行理論以水配正北，而正北對應子位。……刑不入中宮，……只按北、東、西、南、北的順序在四方運行」〔註4〕即甲子年太陰在子，刑在北方；乙丑年太陰在丑，刑在東方；丙寅年太陰在寅，刑在西方；丁卯年太陰在卯，刑在南方；戊辰年太陰在辰，刑在北方……如此運行。

　　胡文輝認爲刑起始的位置是由「太陰始生子」決定的，具體的運算是根據《淮南子 天文訓》：「刑，水辰之木，木辰之水，金火立其處」所說的原理，所謂水辰是指「申、子、辰」三辰，木辰指「亥、卯、未」三辰，所謂「水辰之木」是指「申、子、辰」分別刑在東方木「寅、卯、辰」，即申刑在寅，子刑在卯，辰刑在辰；「木辰之水」是指「亥、卯、未」分別刑在「亥、子、丑」，即亥刑在亥，卯刑在子，未刑在丑。「金火立其處」是指金辰刑在西方金，火辰刑在南方火，意思是說「巳、酉、丑」刑在「申、酉、戌」，「寅、午、戌」刑在「巳、午、未」，即巳刑在申，酉刑在酉，丑刑在戌，寅刑在巳，午刑在午，戌刑在未。〔註5〕那麼，甲子年太陰在子，刑在卯（東方）；乙丑年太陰在丑，刑在戌（西方）；丙寅年太陰在寅，刑在巳（南方）；丁卯年太陰在卯，刑在子（北方）；戊辰年太陰在辰，刑在辰（東方）……如此運行。

　　兩種觀點孰是孰非呢？筆者細檢了《陰陽五行乙篇》《刑德甲篇》《刑德乙篇》《刑德丙篇》關於「刑德占」的占文和釋文，認爲情況比較複雜，一時難以判斷。筆者目前尚無精力和能力去深究以上四個問題，就留給感興趣的讀者去研究吧。

　　下面簡單介紹一下德的運行。《刑德乙篇》：「德始生甲，太陰始于子，刑始于水，水，子，故曰刑德始于甲子……刑、德之行也，歲徙所不勝，而刑不入中宮，居四隅」，整理者與胡文輝都認爲德的運行按照「東、西、南、北、

〔註3〕附錄五所列圖例均采自裘錫圭主編：《長沙馬王堆漢墓簡帛集成》五，北京：中華書局，2014年6月第一版，第一九頁。

〔註4〕同上，第三六頁。

〔註5〕胡文輝著：《中國早期方術與文獻叢考》，廣州：中山大學出版社，2000年11月第一版，第174~177頁。

中」的順序循環。〔註6〕因篇幅所限，德的運行原理不贅述，讀者可參閱《刑德乙篇》或《中國早期方術與文獻叢考》相關內容。

　　如此，雖然刑的運行起點有分歧，但刑德的位置組合卻是相同的，要麼同在東、西、南、北的某一個方位，要麼不在同一個方位。

圖1　陰陽五行乙篇　太陰刑德大遊圖

〔註6〕　裘錫圭主編：《長沙馬王堆漢墓簡帛集成》五，北京：中華書局，2014 年 6
　　　　月第一版，第三六頁。
　　　　胡文輝著：《中國早期方術與文獻叢考》，廣州：中山大學出版社，2000 年 11
　　　　月第一版，第 171~176 頁。

圖 2　陰陽五行乙篇　刑德小遊圖

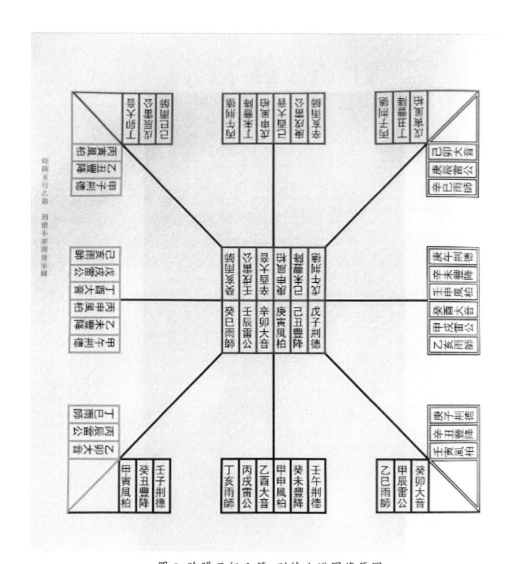

圖 3　陰陽五行乙篇　刑德小遊圖復原圖

圖 4　刑德甲篇　太陰刑德大遊圖

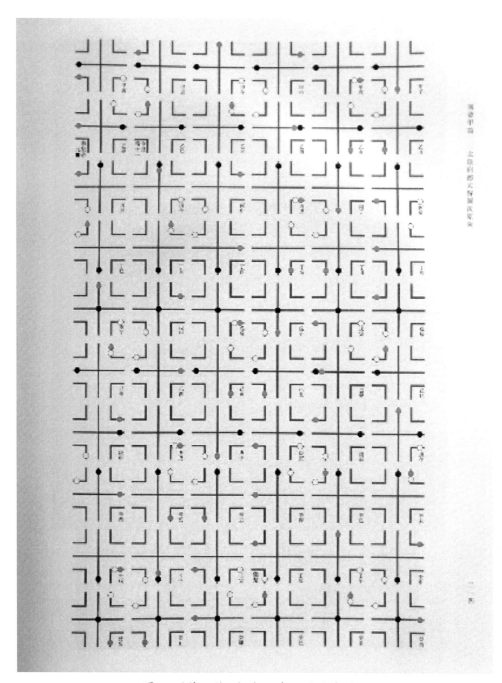

圖 5 刑德甲篇 太陰刑德大遊圖復原圖

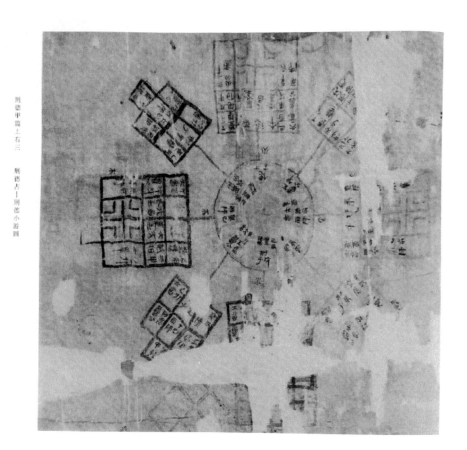

刑德甲篇上右三　刑德占十刑德小游圖

圖 6　刑德甲篇　刑德小遊圖

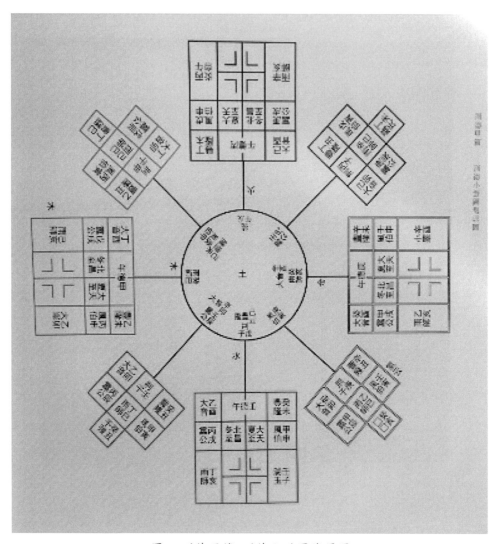

圖 7 刑德甲篇 刑德小遊圖復原圖

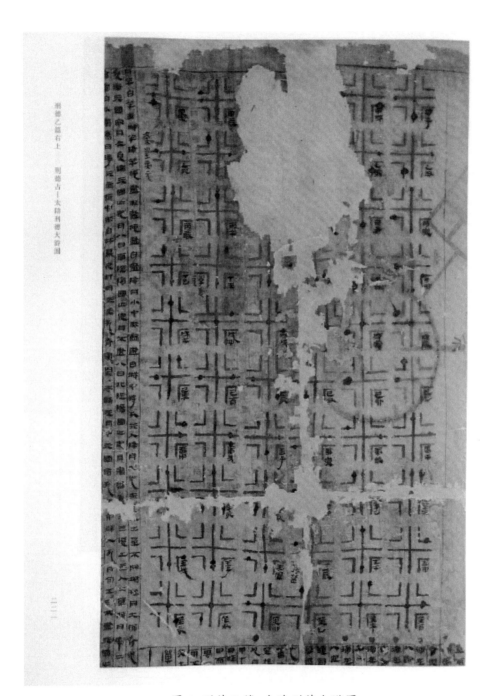

圖 8　刑德乙篇　太陰刑德大遊圖

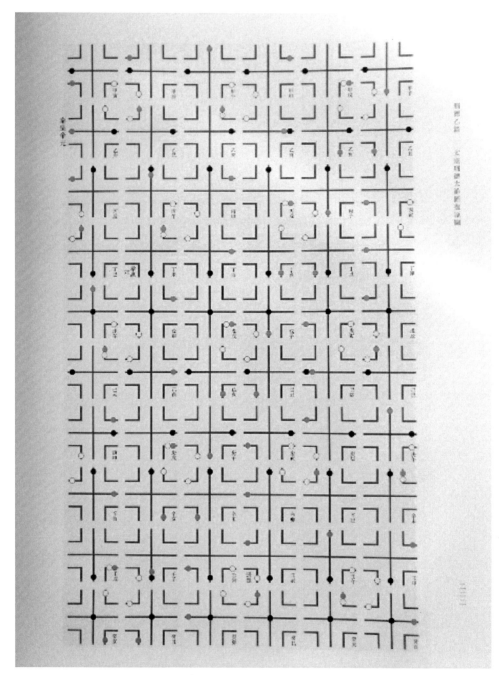

圖 9 刑德乙篇　太陰刑德大遊圖復原圖

圖 10 刑德乙篇　刑德小遊圖

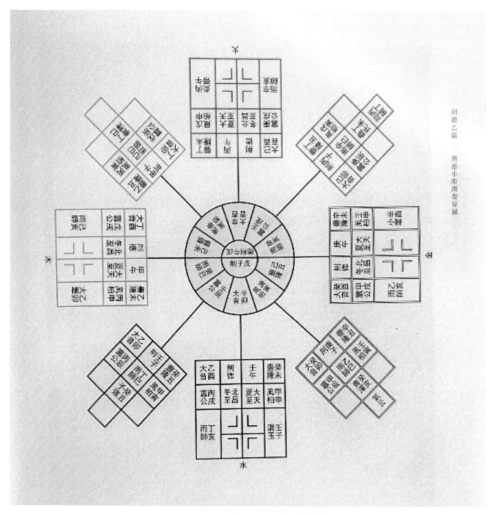

圖 11　刑德乙篇　刑德小遊圖復原圖

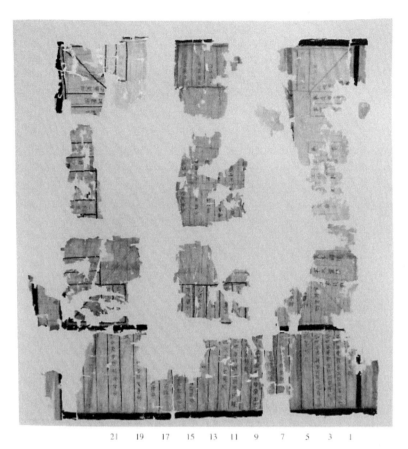

21　19　17　15　13　11　9　　7　　5　　3　　1

圖 12 刑德丙篇　刑德占

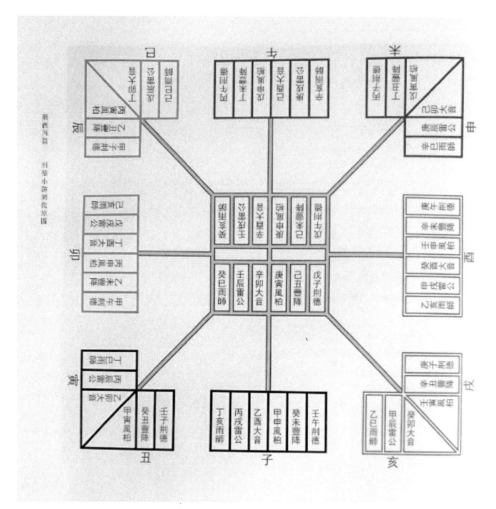

圖 13 刑德丙篇 刑德小遊圖復原圖

參考文獻

一、古籍及注疏、集釋

1. 〔漢〕司馬遷著：《史記》，北京：中華書局，2014 年。
2. 〔漢〕董仲舒著，張世亮等譯注：《春秋繁露》，北京：中華書局，2012 年。
3. 〔漢〕楊雄著，〔宋〕司馬光注，劉韶軍點校：《太玄集注》，北京：中華書局，1998 年。
4. 〔漢〕班固撰：《漢書》，北京：中華書局，1962 年。
5. 〔漢〕許慎著：《說文解字》，北京：中華書局。2013 年。
6. 〔漢〕魏伯陽著，章偉文譯注：《周易參同契》，北京：中華書局，2014 年。
7. 〔晉〕郭象注，〔唐〕成玄英疏：《莊子注疏》北京：中華書局，2011 年。
8. 〔晉〕司馬彪撰，〔梁〕劉昭注補：《後漢書·志》，北京：中華書局，1965 年。
9. 〔南朝〕范曄著：《後漢書》，北京：中華書局，1965 年。
10. 〔隋〕蕭吉著，劉鴻玉、劉炳琳譯解：《五行大義白話全解》，北京：氣象出版社，2015 年。
11. 〔唐〕孔穎達著：《周易正義》，北京：北京大學出版社，1999 年。
12. 〔唐〕瞿曇悉達著：《開元占經》，北京：九州出版社，2012 年。
13. 〔宋〕邵雍著，郭彧整理：《邵雍集》，北京：中華書局，2010 年。
14. 〔宋〕朱熹著：《周易本義》，北京：中央編譯出版社，2010 年。
15. 〔宋〕沈括著，金良年、胡小靜譯：《夢溪筆談全譯》，上海：上海古籍出版社，2013 年。
16. 〔宋〕邵彥和撰，劉科樂校注：《大六壬斷案疏證》，北京：華齡出版社，2012 年。

17. 〔宋〕鄭樵撰:《通志二十略》,北京:中華書局,1995 年。

18. 〔明〕陳公獻撰,鄭同編校:《大六壬指南》,北京:華齡出版社,2013 年。

19. 〔清〕朱元育撰:《參同契闡微悟真篇闡微》,北京:華夏出版社,2009 年。

20. 〔清〕黃宗羲著,譚德貴等校注:《易學象數論》,北京:九州出版社,2007 年。

21. 〔清〕何寧撰:《淮南子集釋》,北京:中華書局,1998 年。

22. 〔清〕黎翔鳳撰:《管子校注》,北京:中華書局,2004 年。

23. 〔清〕袁樹珊著:《大六壬探源》,北京燕山出版社,2010 年。

24. 〔清〕紀昀等撰:《六壬大全提要》,臺北:商務印書館《影印文淵閣四庫全書》,1983 年。

25. 〔清〕紀昀著,沈清山注:《閱微草堂筆記》,武漢:崇文書局,2018 年。

26. 〔清〕李光地編:《御定星曆考原》,臺北:商務印書館《影印文淵閣四庫全書》,1983 年。

27. 〔清〕孫希旦撰:《禮記集解》,北京:中華書局,1989 年。

28. 〔清〕王先謙撰:《荀子集解》,北京:中華書局,2012 年。

29. 〔清〕野鶴老人撰,鄭同點校:《京氏易精粹·增刪卜易》,北京:華齡出版社,2010 年。

30. 〔清〕段玉裁撰:《說文解字注》,北京:中華書局,2013 年。

31. 〔清〕孫希旦撰:《禮記集解》,北京:中華書局。1989 年。

32. 〔清〕孫星衍撰:《尚書今古文注疏》,北京:中華書局。2004 年。

33. 〔清〕程樹勳輯,肖代宗點校:《壬占匯選》,北京:華齡出版社,2013 年。

34. 〔清〕康熙內府精抄本,李峰注解:《御定六壬直指》,海口:海南出版社,2002 年。

35. 〔清〕錢大昕撰:《十駕齋養新錄》,上海:上海書店出版社,1983 年。

36. 〔清〕阮元校刻:《十三經注疏》,北京:中華書局,2009 年。

37. 〔清〕孫詒讓著,雪克、陳野點校:《札迻》,北京:中華書局,2009 年。

38. 〔清〕王引之撰:《經義述聞》,《續修四庫全書》第 175 冊,上海:上海古籍出版社,2013 年。

39. 〔清〕俞正燮撰,于石、馬君驊、諸偉奇點校:《俞正燮全集》,合肥:黃山書社,2005 年。

40. 〔清〕袁樹珊著,鄭同點校:《大六壬探源》,北京:燕山出版社,2010 年。

41. 〔清〕允祿等撰,孫正治譯:《協紀辨方書》,北京:中醫古籍出版社,2012 年。

42. 〔民國〕徐元誥撰:《國語集解》,北京:中華書局,2002 年。

43. 〔民國〕許維遹撰：《呂氏春秋集釋》，北京：中華書局，2009 年。

44. 〔民國〕劉文典撰：《淮南洪烈集解》，北京：中華書局，1989 年。

45. 〔民國〕李步嘉撰：《越絕書校釋》，北京：中華書局，2013 年。

46. 〔民國〕黃暉撰：《論衡校釋》，北京：中華書局，1990 年。

47. 〔民國〕尚秉和著：《焦氏易詁》，北京：中央編譯出版社，2013 年。

48. 陳鼓應、趙建偉注譯：《周易今注今譯》，北京：商務印書館，2005 年。

49. 陳鼓應注譯：《老子今注今譯》，北京：商務印書館，2003 年。

50. 陳鼓應注譯：《莊子今注今譯》，北京：商務印書館，2014 年。

51. 程貞一、聞人軍譯注：《周髀算經譯注》，上海：上海古籍出版社。2012 年。

52. 管錫華譯注：《爾雅》，北京：中華書局，2014 年。

53. 郭靄春主編：《黃帝內經素問校注》，北京：人民衛生出版社，2013 年。

54. 黃懷信撰：《鶡冠子校注》，北京：中華書局，2014 年。

55. 馬恒君著：《周易正宗》，北京：華夏出版社，2014 年。

56. 王利器撰：《顏氏家訓集解》，北京：中華書局，2014 年。

57. 王泗原撰：《楚辭校釋》，北京：中華書局，2014 年。

58. 王文錦撰：《禮記譯解》，北京：中華書局。2001 年。

59. 吳毓江撰：《墨子校注》，北京：中華書局，1993 年。

60. 徐勇注譯：《尉繚子 吳子》，鄭州：中州古籍出版社，2010 年。

61. 徐正英、常佩雨譯注：《周禮》，北京：中華書局。2014 年。

62. 楊伯峻編著：《春秋左傳注》，北京：中華書局，2009 年。

63. 楊伯峻著：《列子集釋》，北京：中華書局，2016 年。

64. 楊明照撰：《抱朴子外篇校箋》，北京：中華書局，1997 年。

65. 張覺著：《韓非子校疏析論》，北京：知識產權出版社，2011 年。

66. 張覺著：《吳越春秋校證注疏》，北京：知識產權出版社，2014 年。

67. 張雙棣撰：《淮南子校釋》（增訂本），北京：北京大學出版社，2013 年。

68. 中華書局編輯部：《歷代天文律曆等志彙編》，北京：中華書局，1975 年。

二、出土文獻及相關研究（含學位與期刊論文）

1. 北京大學出土文獻研究所：《北京大學藏西漢竹書》，上海：上海古籍出版社，2014 年。

2. 湖北省博物館：《曾侯乙墓》，文物出版社，1989 年。

3. 湖北省荊州市周梁玉橋遺址博物館：《關沮秦漢墓簡牘》，北京：中華書

局，2001 年。

4. 湖北省文物考古研究所、隨州市考古隊：《隨州孔家坡漢墓簡牘》，北京：
文物出版社，2006 年。

5. 李學勤主編：《清華大學藏戰國竹簡》肆，上海：中西書局，2013 年。

6. 裘錫圭主編：《長沙馬王堆漢墓簡帛集成》，北京：中華書局，2014 年。

7. 陳夢家著：《殷虛卜辭綜述》，北京：中華書局，1988 年。

8. 孔慶典著：《10 世紀前中國紀曆文化源流》，上海：上海世紀出版集團，
2011 年。

9. 李零著：《郭店楚簡校讀記》增訂本，北京：中國人民大學出版社，2007
年。

10. 劉樂賢著：《簡帛數術文獻探論》，武漢：湖北教育出版社，2003 年。

11. 劉樂賢著：《睡虎地秦簡日書研究》，臺北：文津出版社，1994 年。

12. 〔臺〕黃儒宣著：《〈日書〉圖像研究》，上海：中西書局，2013 年。

13. 程少軒：《放馬灘簡式占古佚書研究》，復旦大學博士學位論文 2011 年。

14. 孫占宇：《放馬灘秦簡日書整理與研究》，西北師範大學博士學位論文 2008
年。

15. 田雪梅：《睡虎地秦簡〈日書〉、孔家坡漢簡〈日書〉比較研究》，西南大
學碩士學位論文，2015 年。

16. 王強：《孔家坡漢墓簡牘校釋》，吉林大學碩士學位論文 2014 年。

17. 趙宗軍：《我國新石器時期祭壇研究》，安徽大學碩士學位論文 2007 年。

18. 〔臺〕陳炫瑋：《孔家坡漢簡日書研究》，（臺灣）清華大學碩士學位論文
2007 年。

19. 安徽省文物考古研究所：《安徽含山凌家灘新石器時代墓地發掘簡報》，
《文物》1989 年第 4 期。

20. 安徽省文物考古研究所、蚌埠市博物館：《安徽蚌埠雙墩一號春秋墓發掘
簡報》，《文物》2010 年第 3 期。

21. 遼寧省文物考古研究所：《遼寧牛河梁紅山文化「女神廟」與積石冢群發
掘簡報》，《文物》1986 年第 8 期。

22. 濮陽市文物管理委員會、濮陽市博物館、濮陽市文物工作隊：《河南濮陽
西水坡遺址發掘簡報》，《文物》1988 年第 3 期。

23. 隨縣擂鼓墩一號墓發掘隊：《湖北隨縣曾侯乙墓發掘簡報》，《文物》1979
年第 7 期。

24. 郭大順、張克舉：《遼寧省喀左縣東山嘴紅山文化建築群址發掘簡報》，《文
物》1984 年第 11 期。

25. 馮時：《阤夫人嬭鼎銘文及相關問題》，《中原文物》2009 年第 6 期。

26. 馮時：《上古宇宙觀的考古學研究——安徽蚌埠雙墩春秋鍾離君柏墓解讀》，《中央研究院歷史語言研究所集刊》第八十二本，第三分，2011 年。

27. 馮時：《陶寺圭表及相關問題研究》，《考古學集刊》第 19 集，2013 年。

28. 馮時：《祖槷考》，《考古》2014 年第 8 期。

29. 馮時：《觀象授時與文明的誕生》，《南方文物》2016 年 01 期。

30. 何駑：《山西襄汾陶寺城址中期王級大墓 II M22 出土漆杆「圭尺」功能初探》，《自然科學史研究》2009 年第 28 卷第 3 期。

31. 何駑：《陶寺圭尺「中」與「中國」概念由來新探》，《三代考古》2011 年 00 期。

32. 何駑：《陶寺圭尺補正》，《自然科學史研究》2011 年第 30 卷第 3 期。

33. 胡平生：《阜陽雙古堆漢簡數術書簡論》，《出土文獻研究》第四輯，北京：中華書局，1998 年。

34. 饒宗頤：《馬王堆〈陰陽五行〉之〈天一圖〉——漢初天一家遺說考》，《饒宗頤二十世紀學術文集》卷三，北京：中國人民大學出版社，2009 年。

35. 石雲里、方林、韓朝：《西漢夏侯灶墓出土天文儀器新探》，《自然科學史研究》第 31 卷第 1 期，2012 年。

36. 王健民、樑柱、王勝利：《曾侯乙墓出土的二十八宿青龍白虎圖像》，《文物》1979 年第 7 期。

37. 王長豐、郝本性：《河南新出「阭夫人嬬鼎」銘文紀年考》，《中原文物》，2009 年第 6 期。

38. 嚴敦傑：《跋六壬式盤》，《文物參考資料》1958 年第 7 期。

39. 嚴敦傑：《式盤綜述》，《考古學報》1985 年第 4 期。

40. 殷滌非：《西漢汝陰侯墓出土的占盤和天文儀器》，《考古》1978 年第 5 期。

41. 張培瑜、張健：《馬王堆漢墓帛書刑德篇與干支紀年》，華岡文科學報 2002 年第 25 期。

42. 張培瑜：《根據新出曆日簡牘試論秦和漢初的曆法》，《中原文物》2007 年第 5 期。

43. 張敬國：《安徽含山縣凌家灘遺址第三次發掘簡報》，《考古》1999 年第 11 期。

44. 鍾守華：《楚、秦簡〈日書〉中的二十八宿問題探討》，《中國科技史雜誌》第 30 卷第 4 期，2009 年。

三、專著

1. 畢桂發主編：《毛澤東批閱古典詩詞曲賦全編》，北京：中國工人出版社，1997 年。

2. 曹天元著：《上帝擲骰子嗎？ 量子物理史話》，瀋陽：遼寧教育出版社，2011 年。

3. 陳鼓應著：《易傳與道家思想》，北京：商務印書館，2007 年。

4. 陳久金編著：《星象解碼──引領進入神秘的星座世界》，北京：群言出版社，2004 年。

5. 陳久金著：《中國少數民族天文學史》，北京：中國科學技術出版社，2013 年。

6. 陳美東著：《中國科學技術史天文學卷》，北京：科學出版社，2003 年。

7. 陳美東著：《中國古星圖》，瀋陽：遼寧教育出版社，1996 年。

8. 陳煒湛著：《古文字趣談》，上海：上海古籍出版社，2005 年。

9. 陳霞著：《道教勸善書研究》，成都：巴蜀書社，1999 年。

10. 陳遵媯著：《中國天文學史》，上海：人民出版社，2006 年。

11. 馮時著：《中國古文字學概論》，北京：中國社會科學出版社，2016 年。

12. 馮時著：《百年來甲骨文天文曆法研究》，北京：中國社會科學出版社，2011 年。

13. 馮時著：《中國古代物質文化史·天文曆法》，北京：開明出版社。2013 年。

14. 馮時著：《中國天文考古學》，北京：中國社會科學出版社，2010 年。

15. 顧頡剛、楊向奎著：《三皇考》，太原：山西人民出版社，2014 年。

16. 郭靄春主編：《黃帝內經素問校注》，北京：人民衛生出版社，2013 年。

17. 胡文輝著：《中國早期方術與文獻叢考》，廣州：中山大學出版社，2000 年。

18. 姜堪政、袁心洲著：《生物電磁波揭秘》，北京：中國醫藥科技出版社，2011 年。

19. 李零著：《中國方術正考》，北京：中華書局，2006 年。

20. 李零主編，陳久金點校：《中國方術概觀》式法卷，北京：人民中國出版社，1993 年。

21. 李零主編，伊世同點校，何琳儀復校：《中國方術概觀》占星卷，北京：人民中國出版社，1993 年。

22. 李學勤著：《簡帛佚籍與學術史》，南昌：江西教育出版社，2001 年。

23. 李學勤著：《失落的文明》，上海：上海文藝出版社，1997 年。

24. 李學勤著：《周易溯源》，成都：巴蜀書社，2006 年。

25. 劉科樂著：《六壬時空》，北京：華齡出版社，2017 年。

26. 盧央著：《彝族星占學》，昆明：雲南人民出版社，1989 年。

27. 盧央著：《中國古代星占學》，北京：中國科學技術出版社，2008 年。

28. 潘鼐著：《中國恒星觀測史》，上海：學林出版社，2009 年。

29. 龐樸著：《龐樸學術思想文選》，上海：上海古籍出版社，2013 年。

30. 齊銳、萬昊宜編著：《漫步中國星空》，北京：科學普及出版社，2014 年。

31. 錢寶琮著：《錢寶琮科學史論文選集·太一考》，北京：科學出版社，1983 年。原載《燕京學報》專號第八，1936 年。

32. 宋會群著：《中國術數文化史》，鄭州：河南大學出版社，1999 年。

33. 王本興編著：《金文字典》，北京：北京工藝美術出版社，2016 年。

34. 王存臻、嚴春友著：《宇宙全息統一論》，濟南：山東人民出版社，1988 年。

35. 翁文波、張清編著：《天干地支紀曆與預測》，北京：石油工業出版社，1993 年。

36. 吳守賢、全和鈞編：《中國古代天體測量學及天文儀器》，北京：中國科學技術出版社，2008 年。

37. 徐向東著：《理解自由意志》，北京：北京大學出版社，2008 年。

38. 楊景磐：《中國歷代易案考》，北京：中國國際廣播音像出版社，2006 年。

39. 葉舒憲著：《亥日人君》，西安：陝西人民出版社，2008 年。

40. 余明主編：《簡明天文學教程》，北京：科學出版社，2007 年。

41. 張培瑜、陳美東、薄樹人、胡鐵珠著：《中國古代曆法》，北京：中國科學技術出版社，2013 年。

42. 張培瑜著：《三千五百年曆日天象表》，鄭州：大象出版社，1997 年。

43. 張培瑜著：《先秦秦漢曆法和殷周年代》，北京：科學出版社，2015 年。

44. 張聞玉著：《古代天文曆法講座》，桂林：廣西師範大學出版社，2017 年。

45. 周山著：《易經新論》，瀋陽：遼寧教育出版社，1991 年。

46. 莊得新、聶清香編著：《天文學》，濟南：山東大學出版社，2002 年。

47. 周曉陸著：《步天歌研究》，北京：中國書店，2004 年。

四、學位論文

1. 夏立文：《基於腦電波信號的身份識別技術》，北京郵電大學碩士學位論文 2011 年。

2. 趙娟：《論〈周易〉的時間觀念——一個文化史的視角》，復旦大學博士論文 2012 年。

3. 趙坤：《納甲筮法源流考》，寧夏大學碩士學位論文 2016 年。

五、期刊論文

1. 白欣、王洛印：《楊惟德及其科學成就述評》，《自然科學史研究》2013年第2期。

2. 陳明立：《腦機接口開啓「心靈感應」時代》，《發明與創新（綜合科技）》2010年第12期。

3. 陳霞：《淺析中國古代的北斗信仰》，濟南：齊魯書社《道教與星斗信仰》下，2014年。

4. 陳霞：《水輔、氣化與道生——試析先秦道家關於萬物起源及生成的自然哲學思想》，鄭宗義 主編：《中國哲學與文化》（第十二輯），桂林：灕江出版社，2015年。

5. 鄧偉志、徐榕：《簡論家庭的起源和演化》，《上海交通大學學報 哲學社會科學版》2004年第6期。

6. 范勁：《中國符號與榮格的整體性心理學——以榮格的兩個「中國」文本爲例》，江漢論壇2013年第5期。

7. 方鈞：《學生子眞有「心靈感應」嗎》，《民防苑》2006年第7期。

8. 葛兆光：《眾妙之門——北極與太一、道、太極》，《中國文化》1990年第2期。

9. 何幼琦：《評乾嘉間關於太歲太陰的一場爭論》，《學術研究》1979年第5期。

10. 戶曉輝：《豬在史前文化中的象徵意義》，《中原文物》2003年第1期。

11. 李璐、姚默、趙兵、高昂、於烽：《生物的心靈感應淺談》，《畜牧與飼料科學》2012年第2期。

12. 李泉瑛：《給一個車禍身亡放入冰棺63h個案實行喚醒術的體會》，《中國醫學裝備》2014年第12期。

13. 李書光：《「轉世奇人」唐江山的專訪》；朱必松：《對「二世人」唐江山的特別調查》；艾男：《我們眞的發現「二世人」了？》，《東方女性》，2002年第7期（A）總第68期。

14. 李雯：《心靈感應的研究》，《社會心理科學》2002年第1期。

15. 梁釗韜：《關於原始社會史的幾個問題——讀恩格斯〈家庭、私有制和國家的起源〉》，《中山大學學報 社會科學版》1962年第6期。

16. 林心雨、范世珍：《婚姻家庭的歷史嬗變——基於〈家庭、私有制和國家的起源〉的文本梳理》，《寧德師專學報 哲學社會科學版》2011年第4期。

17. 劉成明：《從〈家庭、私有制和國家的起源〉看婚姻中女性地位的變遷》，《重慶科技學院學報 社會科學版》2011年第4期。

18. 劉大鈞:《孔子與〈周易〉及〈易〉占》,《社會科學戰線》2010 年第 12 期。

19. 劉起釪:《洪範成書時代考》,《中國社會科學》1980 年第 3 期。

20. 彭賢:《榮格與〈易經〉》,《周易研究》2003 年第 2 期。

21. 秦海波、廖東升:《心靈感應之腦電波解析與啓迪》,《國防科技》2013 年第 2 期。

22. 舟景中,《「天南地北」真義考》,《海南師範大學學報》社會科學版,2018 年第 2 期。

23. 舟景中:《北斗與豬神崇拜起源考》,《世界宗教文化》,2017 年第 2 期。

24. 沈弘:《袁世凱祭天——天壇的最後一次典禮》,《中華遺產》2006 年第 01 期。

25. 譚寶剛:《「太一」考論》,《中州學刊》2011 年第 4 期。

26. 唐明邦:《劉子華的象數思維方式及其科學預測》,《中華文化論壇》2001 年第 2 期。

27. 王玉波:《家庭起源新探》,《哲學動態》1992 年第 5 期。

28. 王媛:《用眼睛撥電話,用意識玩電腦》,《電腦愛好者》2007 年第 17 期。

29. 徐傳武:《「天南地北」一詞與八卦方位無關》,古籍整理研究學刊,1995 年。

30. 徐道一等:《翁文波院士對天災預測的傑出貢獻》,《中國地質學會地質學史專業委員會第 24 屆學術年會》2012 年 10 月。

31. 嚴春友:《決定論與非決定論之語義分析》,《山西大學學報(哲學社會科學版)》2014 年第 1 期。

32. 楊智:《腦機接口信息傳輸研究取得新突破》,《科學》2016 年第 1 期。

33. 俞爲潔:《豬的馴化及其在「六畜」中的地位變遷》,《古今農業》1988 年第 1 期。

34. 張錫祿:《試論白族婚姻制度的演變——紀念恩格斯〈家庭、私有制和國家的起源〉出版一百週年》,《下關師專學報 社會科學版》1984 年第 9 期。

35. 新京報:《用腦電波意念溝通網絡能心靈感應》,《今日科苑》2013 年第 15 期。

36. 新浪科技:《科學家發現第六感:爲老鼠創造心靈感應》,《中國實驗動物學報》2013 年第 2 期。

37. 《科學家首次遠程傳遞「心靈感應」信息》,《電腦編程技巧與維護》2014 年第 9 期。

38. 《豬爲六畜之首》,《中國畜牧獸醫》1960 年第 1 期。

六、翻譯著作

1. 〔奧〕弗洛伊德著，丹寧譯：《夢的解析》，北京：國際文化出版公司，1998年。

2. 〔德〕朗宓榭著，金雯、王紅妍譯：《小道有理：中西比較新視閾》，復旦大學光華人文傑出學者講座叢書，北京：三聯書店，2018年。

3. 〔德〕魯道夫・基彭哈恩著，沈良照 黃潤乾譯：《千億個太陽》，長沙：湖南科學技術出版社，1996年。

4. 〔荷〕Dick Swaab 著，王奕瑤 陳琰璟 包愛民譯：《我即我腦》，北京：中國人民大學出版社，2011年。

5. 〔美〕Albert Laszlo Barabasi 著，馬慧譯：《爆發大數據時代預見未來的新思維》，北京：中國人民大學出版社，2012年。

6. 〔美〕Daniel Kahneman 著，胡曉姣 李愛民 何夢瑩譯：《思考，快與慢》，北京：中信出版社，2012年。

7. 〔美〕Leonard Mlodinow 著，趙崧惠譯：《潛意識控制你行爲的秘密》，北京：中國青年出版社，2013年。

8. 〔美〕Michael S. Gazzaniga 著，閭佳譯，《誰説了算？自由意志的心理學解讀》，杭州：浙江人民出版社，2013年。

9. 〔美〕Sam Harris 著，歐陽明亮譯：《自由意志讓科學爲善惡做了斷》，杭州：浙江人民出版社，2013年。

10. 〔美〕布萊恩・克萊格著，劉先珍譯：《量子糾纏》，重慶：重慶出版社，2011年。

11. 〔美〕麥克倫尼著，趙明燕 譯：《簡單的邏輯學》，杭州：浙江人民出版社，2013年。

12. 〔日〕成家徹郎撰，王維坤 譯：《睡虎地秦簡〈日書・玄戈〉》，《文博》1991年第3期。

13. 〔日〕瀧川資言著：《史記匯注考證》，北京：文學古籍刊行社，1955年。

14. 〔瑞士〕榮格著，關群德譯：《榮格文集》第四卷《心理結構與心理動力學》第七部分《共時性：非因果性聯繫原則》，北京：國際文化出版社，2011年。

15. 〔英〕李約瑟原著，柯林・羅南改編：上海交通大學科學史系譯：《中華科學文明史》2，上海：上海人民出版社，2002年。

後　記

　　24 年前一個偶然的機會，我接觸到了中國傳統數術文化。對於人類是否有命運這個問題我十分好奇，對於某些數術對未來事件常常會有一些準確的預言我感到驚訝。數術這玩意是怎麼產生的？這裏頭有什麼奧秘嗎？我很想知道究竟。帶著一半相信一半懷疑，我一頭扎進去，發現裏頭有無窮的樂趣。愛因斯坦說熱愛是最好的老師，也有人說好奇害死貓，他們說的都有道理吧。

　　然而數術文化的研究在近一個世紀的中國一直比較沉悶，數術與迷信幾乎就是同義詞，連我的一位熟人（初中學歷）一聽說我在研究數術竟然脫口而出：「你搞的那些東西不就是封建迷信嗎？」我不知道他是做了廣泛深入的調查研究之後得出的這個結論，還是聽很多「別人」這樣說而相信了這樣一個結論。自己不去調查研究就相信一種觀點，這種態度是不是迷信呢？以至於後來我不輕易跟周圍的人說起我到底在學習研究什麼。不知是什麼力量支撐我堅持了 24 年，直到今天終於誕生了這樣一部作品，以告慰我的執著的心靈。

　　這部作品的誕生要首先感謝導師陳霞教授，在論文選題的那段時間，我們討論了很多次。「道家與道教文化」是一個很大的「框」，陳老師本人更側重純哲學的探討研究，雖然我選擇的題目不是陳老師感興趣的領域，但是她非常尊重我的想法，而且認為以數術來切入中國哲學思想的探討，這種方式比較新穎，並指導我以正確的方法去探索分析問題。陳霞老師傳授給我許多道家思想，她對我的論文的指導完全符合道家精神，在論文開題之時她指出論文不僅要著手於術更要著眼於道，要把人類的終極關懷「命運」作為立題之本。論文有了這樣一個大方向之後，她充分相信像我這樣的大齡學生的主

觀能動性，她秉持「無爲而無不爲」的道家理念，相信只要給人一個寬鬆的氛圍，每個人都會成爲最好的自己。

論文的順利完成還要特別感謝馮時教授，他是我的《中國天文考古學》老師，這門課與我研究的課題關係密切。馮時老師學識淵博，待人溫和有禮，他耐心回答我的許多提問（從古天文學到古文字學），並沒有因爲我不是他帶的博士生而拒絕，讓我受益良多。

感謝我的一些有共同愛好的朋友，張洪亮博士（天津大學）、李春生博士（南開大學）、區宇俊先生、湯遠君先生等，我們經常在一起切磋技藝，交流思想，共同提高。

要感謝單位的領導和同事，他們對我的學業都很支持，在工作和生活中都給予許多關懷和幫助。還要感謝我身邊的同事，在我求學期間，他們分擔了我的許多工作，使我能夠盡快完成學業。

要特別感謝我的母親和父親，他們年事已高，然而在我求學的這些年卻依然幫助我照顧年幼的女兒，無怨無悔；要感謝我的妻子，她堅定地支持我的研究並認爲這是一件崇高的事業；還要感謝我的女兒，總的來說她的成長讓我比較省心，家中的長輩和學校的老師還有認識的叔叔阿姨都比較喜歡她，她給我帶來很多開心和甜蜜。

也要感謝自己，當我捧著這部作品，內心湧出幾分驚訝，感謝自己這麼多年來的癡迷和執著，人生難得擁有這樣一份神奇的體驗。

最後，要感謝「花木蘭文化事業有限公司」林慶彰主編、杜潔祥總編輯，他們相中本文入選《中國學術思想研究輯刊》，促成拙文順利問世；感謝王筑編輯，對本文的文稿校對付出了心血；特別感謝楊嘉樂副總編輯，在前後數個環節中給予作者許多幫助與指導。